MANFRED DIMDE

DIE HEILKRAFT DER KIRCHEN

MANFRED DIMDE

DIE HEILKRAFT DER KIRCHEN

mvg

Die Deutsche Bibliothek – CIP-Einheitsaufnahme

Dimde, Manfred:
Die Heilkraft der Kirchen/Manfred Dimde. – Landsberg am Lech :
mvg-verl., 1998
ISBN 3-478-72200-4

Das Papier dieses Buches wurde möglichst umweltschonend hergestellt und ist chlorfrei gebleicht.

Umschlaggestaltung: Vierthaler & Braun, München
Redaktion: Dr. Andreas Gößling, München
Satz: Fotosatz Buck, Kumhausen
Druck- und Bindearbeiten: Druckerei Himmer, Augsburg
Printed in Germany 072200/298402
ISBN 3-478-72200-4

Inhaltsverzeichnis

Einführung 11

Teil I. Die Kräfte der Erde 15

Heilende Erdkräfte in alter und neuer Zeit 16
Querelen in der Black Box 16
Ein einfaches Erklärungsmodell 19
Die ersten Instrumente zur Bestimmung von Erd-
kräften 22
Unerforschte Kräfte der Erde 23

Stammt das Wissen um die Kraft der Erde aus Ägypten? 25

Wie könnte sich das geomantische Wissen ausgebrei-
tet haben? 26

Das Erbe der Kelten 29
Wie die Kelten die Heilkraft der Erde nutzten 31
Die Artusrunde und das Geheimnis keltischer Stein-
kreise 33
Lage und Anordnung der irischen Steinkreise 39
Instrumente zur Untersuchung von Steinkreis-
wirkungen 43

Vom keltischen Steinkreis zur Kirche Christi 45
Keltische Rundhäuser 45
Das Stonehenge der Christenheit 47
An- und Umbauten verschleiern das Grundprinzip . . 48
Christianisierung der keltischen Rundhütte 51

Das Vermächtnis der Pharaonen 52
Was erbten die Griechen? 52
Was erbten die Israeliten? 52
Was erbten die Römer? 55

Profane Nutzung der Orte der Kraft 58
Militärische Nutzung 58
Grenzfestlegung, Wege und Straßen 60
Nutzung bei Kulthandlungen 60
Radiästhetische Erkenntnisse zu Steinkreisen 61

Menhire und Grabhügel 62
Lustschlösser und Hexenplätze 62

Die Nutzung kirchlicher Heilkräfte durch Mönche, Macher, Missionare 64
Kirchen 64
Legenden und Sagen 65

Erdkräfte und der Faktor Zeit 68
Gebetsnetze 69

Teil II. Checklisten zum Auffinden der Orte der Kraft 73

Vorbemerkung 75

Ihr persönlicher Stimmungstest 76

Erster Schritt zur Bestimmung des Bauwerks 77

Die weiteren Schritte – Typ A 80
Zweiter Schritt: Bestimmung von Sender und Empfänger der Kraft 80
Dritter Schritt: Untersuchung des Empfängers 80
Vierter Schritt: Peilung ins Kircheninnere 81
Fünfter Schritt: Untersuchung des Kircheninneren .. 81
Sechster Schritt: Plätze zur Auf- und Entladung bestimmen 82

Die weiteren Schritte – Typ B1 84
Zweiter Schritt: Bestimmung von Sender und Empfänger der Kraft 84
Dritter Schritt: Untersuchung des Empfängers 85
Vierter Schritt: Peilung ins Kircheninnere 85
Fünfter Schritt: Untersuchung des Kircheninneren .. 86
Sechster Schritt: Plätze zur Auf- und Entladung bestimmen 86

Die weiteren Schritte – Typ B2 88
Zweiter Schritt: Bestimmung von Sender und Empfänger der Kraft 88
Dritter Schritt: Untersuchung des Empfängers 88
Vierter Schritt: Peilung ins Kircheninnere 89
Fünfter Schritt: Untersuchung des Kircheninneren .. 89

Sechster Schritt: Plätze zur Auf- und Entladung bestimmen 90

Die weiteren Schritte – Typ B3 92
Zweiter Schritt: Bestimmung von Sender und Empfänger der Kraft 92
Dritter Schritt: Untersuchung des Empfängers 93
Vierter Schritt: Peilung ins Kircheninnere 93
Fünfter Schritt: Untersuchung des Kircheninneren . . 94
Sechster Schritt: Plätze zur Auf- und Entladung bestimmen 95

Die weiteren Schritte – Typ C 96
Zweiter Schritt: Bestimmung von Sender und Empfänger der Kraft 96
Dritter Schritt: Untersuchung des Empfängers 97
Vierter Schritt: Peilung ins Kircheninnere 97
Fünfter Schritt: Untersuchung des Kircheninneren . . 98
Sechster Schritt: Plätze zur Auf- und Entladung bestimmen 98

Bausteine zur Bestimmung von Sender, Empfänger und Energiequalität 100
Typologie der Türme 100
Merkmale außerhalb der Gebäude 100
Merkmale in den Gebäuden 101

Schema der Identifizierung von Orten der Kraft . . . 104

Teil III. Fotodokumentation der Wallfahrtsorte 105

„Rallye Santa Maria“ 107
Die Kirche der Hildegard von Bingen 108
Kirche zur Schmerzhaften Mutter Gottes in Marienthal 108
Würzburger Käppele 109
Die Wallfahrtskirche in Dettelbach 111
Das Benediktinerkloster in Münsterschwarzach 111
Kloster Banz 112
Vierzehnheiligen 113
Eremitage bei Bad Abbach 114
Kloster Weltenburg 115
Rohr 115
Altötting 116

Klosterlechfeld 117
Ottobeuren 118
Rot an der Rot 119
Ochsenhausen 120
Steinhausen 121
St. Gallen 121
Maria Einsiedeln und Zürich 122
Jungingen und Weggental 122
Baden-Baden 124
Wormser Dom 125
Maria Laach 125
Münstereifel 126

Abbach 128
Wirkung der Einsiedelei-Kapelle 128
Wirkung der Dorfkirche 129
Anwendung in der Einsiedelci-Kapelle 129

Altötting 135
Der Verlauf der Kraftlinien 135
Wirkungen in der Gnadenkapelle 136
Wirkungen in der Stiftspfarrkirche 137
Wirkung in St.-Magdalenen-Kirche und Päpstlicher Basilika 137
Mariae Heimsuchung 137
Anwendung 137

Annaberg 147
Geschichte 147
Der Annaberg heute 148
Wirkung des Annabergs 148
Anwendung 149

Dettelbach 153
Wirkung der Kirche Maria im Sand 154
Anwendung 155

Jungingen 160
Wirkung 161
Anwendung 161

Kevelaer 168
Wirkung 169
Anwendung 169

Kloster Kamp . . . 177
Wirkung . . . 177
Anwendung . . . 178

Klosterlechfeld . . . 182
Wirkung . . . 183
Anwendung . . . 183

Maria Laach . . . 188
Wirkung . . . 189
Anwendung . . . 189

Marienthal . . . 194
Wirkung . . . 196
Anwendung . . . 196

Ottobeuren . . . 200
Wirkung . . . 201
Anwendung . . . 202

Rohr . . . 212
Wirkung . . . 212
Anwendung . . . 213

Rot an der Rot . . . 218
Wirkung von St. Verena . . . 219
Wirkung von St. Johann . . . 220
Anwendung in St. Verena . . . 220
Anwendung in St. Johann . . . 220

Vierzehnheiligen . . . 227
Wirkung . . . 228
Anwendung . . . 228

Weggental bei Rottenburg a.N. . . . 235
Wirkung . . . 236
Anwendung . . . 236

Worms . . . 241
Wirkung in der Kapelle . . . 242
Anwendung in der Kapelle . . . 242

Würzburg . . . 252
Wirkung . . . 253
Anwendung . . . 253

Anhang 259

Was Sie schon immer über Erdkräfte wissen wollten 259
Geomantie 259
Kultstätten und Kirchen 260
Leys oder Ley-lines 261
Geodätische Linien 261
Blind Springs 262
Gelände-Akupunktur 262
Knoten 262
Fließverbindungen 262
Ladungsfließlinien 262
Radiästhetische Instrumente 263

Literaturhinweise 267
Abbildungsnachweis 269

Einführung

Meist werden Bücher deshalb geschrieben, weil der Autor einem größeren Leserkreis Wissenswertes oder Notwendiges mitzuteilen hat. Daneben gibt es Werke, die aus schierer Lust am Schreiben entstehen. Und es gibt Bücher – das ist meine neue, persönliche Erfahrung –, zu denen man anscheinend durch irgend etwas gedrängt wird, wenn man sich anfänglich dagegen sträubt. Mit dem vorliegenden Buch ist es mir so ergangen, und ich habe keine Hemmungen, darüber zu berichten.

Ursprünglich sollte „Die Heilkraft der Kirchen" nur ein Kapitel in einem ganz anderen Buch werden, das vom alten Ägypten handelt und davon, wie Griechen und Römer, Kelten und Christen von den Künsten der Ägypter profitierten.[1] Bei der Vorarbeit zu diesem Werk erwiesen sich die zu dokumentierenden Fakten aus der christlichen Vergangenheit aber als so zahlreich, daß ich vorschlug, diesen Themenbereich in einem eigenen Buch abzuhandeln. An dieser Stelle möchte ich meinem Verlag dafür danken, daß er mir völlig freie Hand ließ und mich nicht ermahnte, mich an mein ursprüngliches Exposé zu halten. Heute kann ich sagen, daß während der Recherchen zu diesem Buch verblüffende Erkenntnisse zutage kamen, von denen Sie, liebe Leserinnen und Leser, profitieren werden.

Mit diesem ungewöhnlichen Praxisbuch möchte ich Sie in die Lage versetzen, die Kirchen in christlichen Landen wieder für die Zwecke zu nutzen, zu denen sie ursprünglich erbaut wurden. Religionszugehörigkeit sollte hierbei keinerlei Rolle spielen; niemand darf benachteiligt werden, indem man ihm den Zutritt zu Kultstätten verweigert. Denn die Heilkraft der Kirchen vermag jeden von uns zu stärken, ob wir nach muslimischem oder christlichem, jüdischem oder buddhistischem Brauch beten.

Glücklicherweise sind dem Besucher die meisten evangelischen Kirchen – außer zu den offiziellen Gottesdiensten – verschlossen: Meist handelt es sich um Kirchen jüngeren Datums, deren Erbauer nichts mehr von den Geschenken wußten, die

[1] M. Dimde: Die Heilkraft der Pyramiden. Landsberg a.L. 1997

Gott uns in Form von Erdkräften hienieden hinterlegt hat. Wenn es sich nicht gerade um ein Kirchengemäuer aus vorreformatorischer Zeit handelt, finden wir in protestantischen Sakralbauten kaum eine der geheimen alten Regeln berücksichtigt. Das gilt allerdings gleichermaßen für katholische Kirchen jüngeren Datums und für die Betsäle der Freikirchen.

Die Anhänger östlicher Lehren, insbesondere die Buddhisten, haben es da erheblich besser: Die Erbauer ihrer spirituellen Zentren in aller Welt wissen auch in heutiger Zeit noch sehr genau, an welcher Stelle und unter welchen Gesichtspunkten die Bauwerke zu errichten sind, damit man optimale Wirkungen erzielt.

Um indessen jedes Mißverständnis zu vermeiden: Ich selbst bin evangelisch erzogen, heute jedoch konfessionslos. Nur deshalb bin ich imstande, kritisch und unparteiisch zu urteilen und die uralten Kultstätten, auf denen heute christliche Kirchen stehen, auch anders als mit päpstlichen oder lutherischen Augen zu sehen.

Warum aber wird das einstige Wissen um die Heilkraft gewisser Stätten in den westlichen Ländern nicht mehr praktiziert? Ein Grund für diesen Traditionsabriß mag die französische Revolution sein, durch die zumindest westlich des Rheins das alte Wissen der Klöster verloren gegangen ist. Auch Reformation und Säkularisation in Deutschland mögen dazu beigetragen haben, daß einst von Generation zu Generation weitergegebenes Wissen in Vergessenheit geriet.

Die heutige Geistlichkeit zeigt wenig Interesse, sich mit diesen Fragen zu beschäftigen. Warum sie in Verlegenheit bringen und ihr vor Augen führen, daß sie die Hüterin bedeutender Kräfte der Schöpfung ist? Diese Frage habe ich mir in den letzten Monaten oft gestellt. Aber dann spürte ich eine wachsende Verärgerung, vergleichbar der Gemütslage eines durstigen Wanderers, der nächtens in der Wüste schmachtet – bis ihm bei Sonnenaufgang bewußt wird, daß er die ganze Nacht über direkt neben einem Brunnen gelagert hat …

Das vorliegende Buch setzt sich aus drei Teilen zusammen:

- Teil I

Hier finden Sie einen kurzen Überblick über die derzeit einzige – in Vergangenheit und Gegenwart praktizierte – Methode, Phänomene zu messen, die selbst mit den empfindlichsten mechanischen Meßinstrumenten nicht untersucht werden können.

Dabei stütze ich mich im wesentlichen auf Literatur, die von Kennern und Könnern der Radiästhesie bzw. der Geomantie veröffentlicht wurde. In der Praxis war ich dann sehr überrascht, wie stark die Resultate und Spuren dieser Kunst bei Errichtung und Ausgestaltung der Kirchenbauwerke berücksichtigt wurden.

Waren unsere Vorfahren, so fragte ich mich, Gotteslästerer oder gar Teufelskraftanbeter? Nein, das waren sie sicherlich nicht. Gerade unsere Altvordern haben ja nach den Geboten der Bibel gelebt und (was viele von uns nicht so gerne hören) alles getan, um am Jüngsten Tag in die Schar der Gerechten eingereiht zu werden. Das galt insbesondere für die Geistlichkeit: Im Kloster wurde gegessen, was auf den Tisch kam, und ein jeder nutzte die Kräfte und Dinge, die Gottes Schöpfung seinen Geschöpfen zur Verfügung stellte. Das galt für gute ebenso wie für schlechte Zeiten, bei der Wahrung von Gesundheit und Wohlstand nicht minder als bei der Bekämpfung von Krankheiten und anderer Not.

Im europäischen Mittelalter etwa, als man keine hochwirksamen Mittel besaß, um Lungenentzündungen oder Seuchen zu bekämpfen, war man gezwungen, diesen Krankheiten durch Beobachtung der Natur auf die Schliche zu kommen, damit man sie lindern oder gar heilen konnte. Das war bei seelischen Krankheiten meist leichter als bei körperlichen Beschwerden. Im Lauf der Jahrhunderte stellten die Heilkundigen auf der Basis ihres Erfahrungswissens eine ganze Naturapotheke zusammen. Zu dieser gehörten unzählige Kräuter, mannigfache Elixiere und diverse Wickel, aber auch Orte mit besonderen Wirkungen, die im Lauf der Zeit zu heiligen Stätten – zu Wallfahrtsorten – wurden.

- Teil II

Hier finden Sie eine Typologie solcher Kraftorte, an denen unsere in erdgebundenen Kräften erfahrenen Vorfahren lernten, sich zu stärken – also „Kraft“ zu tanken – oder ihre „Überkraft“ gezielt zu entladen.

Der Zweck dieses zweiten Buchteils ist es, die Leser in die Lage zu versetzen, an jedem beliebigen Platz auf der Erde für sich ein „gutes Plätzchen“ zum positiven Verweilen aufzuspüren.

- Teil III

In diesem Teil wird anhand konkreter Beispiele beschrieben, wie die in Teil II typisierten Wallfahrtsorte im einzelnen aussehen und beschaffen sind, welche zur spezifischen Heilung notwendigen Einrichtungen dort also im Verlauf der Jahrhunderte baulich realisiert wurden. Zahlreiche Abbildungen veranschaulichen die teilweise subtilen Details dieser steinernen Heilinstrumente.

Mögen die hier vorgestellten uralten Heilkräfte, Heilmethoden und Kraftstätten die Gesundheit möglichst vieler Menschen stärken. Allen Geschöpfen auf Erden wünsche ich ein besseres drittes Jahrtausend.

Frühjahr 1998
Manfred Dimde

Teil I.
Die Kräfte der Erde

Heilende Erdkräfte in alter und neuer Zeit

Manche skeptischen Zeitgenossen bezweifeln noch immer, daß die „geheimnisvollen Erdkräfte" überhaupt existieren. Dabei spricht eine erdrückende Fülle von Indizien für diese Hypothese. Tatsächlich praktizierten bereits die alten Kulturen, die im Blick des geschichtskundigen Europäers liegen, zahlreiche Traditionsriten, die auch dem heutigen Anhänger der Kunde von den Erdstrahlen vertraut sind.

Was versteht man unter Erdstrahlen? Entgegen mancherlei Vorurteilen handelt es sich durchaus um keinen magischen Hokuspokus. Vielmehr sind Erdstrahlen ebenso (prinzipiell) nachweisbare geophysikalische Phänomene wie – beispielsweise – Sonnenstrahlung oder Elektrizität. Warum sonst hätten sich nahezu alle Hochkulturen in der Vergangenheit mit diesen Kräften befaßt? Das gilt nicht zuletzt auch für das christlich-mittelalterliche Europa: Es fällt auf, daß geophysikalische Gesichtspunkte beim Bau der Klöster in der Alten Welt schon vor tausend Jahren berücksichtigt wurden.

Wie läßt sich das erklären? Denn natürlich konnten die mittelalterlichen Baumeister die betreffenden Phänomene nicht mittels Satellitenmessungen von Magnetfeldern oder Strahlengürteln untersuchen. Noch rätselhafter wird diese Tradition, die in den steinernen Monumenten Europas unübersehbare Spuren hinterlassen hat, wenn wir uns den keltischen Kultstätten der Druiden zuwenden: Sie wurden just auf den sensitiven Punkten errichtet, um die sich auch im vorliegenden Buch alles dreht. Oftmals wurden die betreffenden Kraftorte schon Jahrhunderte lang von vorchristlichen Völkern und Kulturen genutzt, ehe die christlichen Missionare sie mit Gemäuern christlichen Typs überbauen ließen.

Querelen in der Black Box

In allen alten Kulturen, die einst in Europa entstanden bzw. das europäische Denken maßgeblich prägten, wurden Riten praktiziert, die der heutige Erdstrahlenkenner mühelos wiedererkennt.

Je weiter jedoch Höhepunkt und Blütezeit dieser antiken Kulturen zurückliegen, um so verwischter sind die Konturen und um so schwerer läßt sich rekonstruieren, daß und wie damals ein Wissen um die Kräfte unserer Erde umgesetzt wurde. Statt dessen registriert man meist nur noch „magische Praktiken", die beim Publikum ein wohliges Gruseln erregen und von der hohen Wissenschaft vielfach nicht als das erkannt werden, was sie tatsächlich in der Regel sind: späte Riten im Niedergang begriffener Kulturen, deren Elite schon nicht mehr – oder allenfalls noch bruchstückweise – über das alte Wissen verfügte.

Daher kommen heute nur noch wenige Menschen auf den Gedanken, daß sich hinter bestimmten Riten mehr als nur Mummenschanz verbergen könnte. Wir Westeuropäer des endenden zweiten christlichen Jahrtausends, Nachfahren der Aufklärer, die vor zweihundert Jahren den Glauben ablegten und das reine Wissen entdeckten, sind gerade dabei, die Räder der Welt neu zu (er-)finden. Aber wie weit hat unser Entdeckerdrang uns tatsächlich schon gebracht?

Ungeachtet vieler und eindrucksvoller technischer Errungenschaften tappen wir in mancherlei Hinsicht noch immer im dunkeln – und nicht nur das: Aus der Tatsache, daß unsere Augen im Dunkeln nichts sehen können, schließen viele von uns unverdrossen, daß die uns umgebende Black Box „leer" sei. Denn wie könnte dort, wo ich nichts sehe, „etwas" sein?

Mittlerweile aber bewegen sich in derselben Dunkelheit etliche andere Menschen, die zwar im Finstern auch nichts sehen können, jedoch entschlossen sind, sich gleichwohl auf die Suche zu begeben. Dabei stoßen sie an, tun sich hin und wieder auch weh – aber nach und nach gewinnen sie an Erfahrung und Orientierung.

Daraufhin beginnt eine heftige Diskussion zwischen denen, die blind und bewegungslos im Dunkeln verharren, und jenen, die gespürt haben – vielleicht sogar schmerzlich –, daß der uns umgebende Raum zwar dunkel, aber keineswegs leer ist.

Diese Situation erleben wir gerade heutzutage immer häufiger: „In diesem dunklen Raum ist überhaupt nichts", behaupten die einen. Doch die anderen, belehrt durch ihre schmerzlichen Erfahrungen, bleiben entschieden bei ihrer Behauptung: „Wir haben zwar auch nichts gesehen, aber ganz sicher etwas gespürt."

Es liegt auf der Hand, daß ihre Beschreibung dieses „Etwas" völlig falsch sein kann. Dadurch wiederum fühlen sich die anderen in ihrer Ansicht bestärkt: „Dort im Dunkeln kann nichts sein“, erklären sie triumphierend, „weil das, was da beschrieben wurde, Unsinn ist.“

Daraufhin mischen sich Angehörige einer dritten Gruppe ein: Sie sitzen bewegungslos im Raum, sehen ebenfalls nichts und spüren auch nichts, aber sie riechen etwas Verdächtiges!

Durch diesen Einwurf ermuntert, meldet sich schließlich eine vierte Gruppe zu Wort: Auch ihre Mitglieder sehen nichts, rühren sich nicht vom Fleck und spüren folglich auch nichts; sie riechen auch nichts Ungewöhnliches, aber sie hören seltsame Geräusche …

Jetzt wird es kompliziert, denn nun gilt es demokratisch zu entscheiden, auf welche der Gruppenmeinungen man sich einigt, was man also offiziell zum Inhalt des dunklen Raums erklärt. In unserem Beispiel sind die Gruppen, die bewegungslos in der Dunkelheit verharren, gegenüber der Gruppe, die durch Bewegung Erfahrungen gesammelt hat, deutlich in der Mehrheit. In einer Abstimmung wird folglich letztere unterliegen und fortan möglicherweise als Gruppe der Irrenden angesehen – denn die Mehrheit hat wie immer recht.

Just diese Situation erleben wir in unserer Zeit sehr häufig: Diejenigen, die nichts sehen können, behaupten, da sei auch nichts vorhanden. Dagegen beteuern andere, die zwar auch nichts gesehen, aber aufgrund ihrer Bewegungen in jenem Raum etwas gespürt haben, steif und fest, daß da „etwas“ sei.

„Aber was soll denn dort sein?“ fragen die anderen.

Daraufhin beginnen diejenigen, die in der Dunkelheit schmerzliche Erfahrungen gesammelt haben, ein Bild dessen zu zeichnen, was ihnen die Schmerzen zugefügt hat. Jeder kommt zu einem anderen Ergebnis – und folglich besteht keine Aussicht, sich über die Natur jenes „Etwas“ zu einigen.

Das Durcheinander wird noch schlimmer, da nun auch diejenigen, die „etwas“ gerochen haben, und jene, die „etwas“ gehört haben, ihre Vorstellungen zu entwickeln beginnen. Schließlich fühlen sich lediglich die Skeptiker bestätigt: Dort in der Dunkelheit kann nichts sein, denn alle angeblichen Phänomene, die von den verschiedenen Gruppen beschrieben wurden, scheinen unverständlicher Unfug zu sein.

Am Ende dieses Dramas stehen sich zwei Lager unversöhnlich gegenüber:

„Da ist nichts“, beteuern die einen.

„Da ist doch etwas“, beharren die anderen.

Die Lösung für die Skeptiker und die Erlösung für die Ahnenden wäre ein Streichholz, das für einen winzigen Augenblick aufleuchtet, um beiden Seiten einen ersten Sinneseindruck vom Inhalt des mysteriösen Raumes zu geben.

Für Leute, die über solche Hölzchen verfügen, hat jede Zeit ihre eigenen Namen und schmeichelhaften Rituale. Wir nennen solche Menschen „Nobelpreisträger“. Damit sie aber auch die Gruppe derer, die „etwas“ gespürt haben, erleuchten können, wäre es erforderlich, daß diese gleichfalls akzeptiert, was das Aufleuchten der Hölzchen jeweils ans Licht bringt. Unglücklicherweise sind viele Menschen aus der Gruppe der „Ahnenden“ hierzu nicht bereit oder nicht mehr imstande. Diese Gruppe nennt man übrigens auch „Esoteriker“.

Und wie soll man diejenigen nennen, die im Dunkeln sitzen bleiben und behaupten, daß da gar nichts sei? Vielleicht sind sie ganz einfach dumm …

Die Menschen der alten Kulturen jedenfalls, die über Tausende von Jahren und Hunderte von Generationen Zeit hatten, die Natur zu beobachten und die Verhaltensmuster alles Erschaffenen zu erkennen, gehören zu denjenigen, die Konturen erspürten, ertasteten oder durch sonstige Beobachtungen versuchten, sie zu ergründen und für sich zu nutzen.

Ein einfaches Erklärungsmodell

In diesem Buch geht es um die Renaissance des Wissens und die Praxis der Anwendung von Erdkräften, die in Kapellen, Kirchen, Domen kanalisiert wurden und – je nach psychischer Belastung – in der aktuellen Lebenssituation für uns nützlich sein können. Manche Leser werden sich fragen, warum sie von diesen Phänomenen bis heute nichts gespürt haben. Dabei liegt die Antwort einigermaßen nahe: Bedenken Sie bitte, daß diese Phänomene auf jeden von uns seit unserer Geburt einwirken, wir folglich das Ein- oder Aussetzen einer solchen Kraft sowenig spüren konnten oder können wie bei anderen unablässig wirkenden Naturgewalten.

Ebenso leicht läßt sich erklären, warum die Kirche das Thema meidet bzw. einzelne Geistliche die Heilkraft ihrer Wirkungsstätten allenfalls verschämt, hinter vorgehaltener Hand, debattieren: Offenbar fürchtet man, mit Aberglauben und Hokuspokus in Verbindung gebracht zu werden. Gleichwohl verrät uns die heilige Architektur der Wallfahrtsorte unmißverständlich, daß die Vorgänger der heutigen Kirchenverwalter und -repräsentanten sehr genau wußten, was sie aus welchen Gründen und in welchen Formen an welche Orte bauen ließen.

Die meisten Erben dieser Mönche und Priester verfügen nicht mehr oder allenfalls noch in geringen Fragmenten über das alte Wissen. Aber eine der sichersten Methoden, ein Wissen zugleich zu überliefern und geheimzuhalten, war selbstverständlich auch den christlichen Kirchenvätern bekannt: Man erhob die hieraus abgeleiteten Regeln schlicht zu Tradition und Ritus und wies die einfachen Kleriker an, diese scheinbar gottgegebenen Gesetze strikt zu befolgen.

Der Hintergrund für die „Heilkraft der Kirchen" ist rasch erklärt: Eine kompakte kugelförmige Ansammlung von Materie, die wir Erde nennen, setzt die Lebewesen auf ihrer Oberfläche einer Drehbewegung, dem Einfluß der Sonne und anderen Strahlungen aus. Seit 500 Jahren akzeptiert die Menschheit offiziell, daß wir innerhalb eines Systems von anderen kugelförmigen Materieansammlungen um unsere Sonne kreisen. Wir erkennen also am Ende dieses Jahrtausends an, daß unsere Erde von einer Kraft der Sonne gezwungen wird, diese zu umkreisen, während die Erde ihrerseits eine kleinere Materiekugel zwingt, sie selbst zu umrunden.

Durchaus vergleichbar, wenn auch auf einer anderen Ebene angesiedelt, setzten unsere Vorfahren ihre spezifischen Erfahrungen in Kreise und Bauwerke aus Stein um. Diese tragen noch heute allesamt deutliche Zeichen dafür, daß man ehedem Gesetzmäßigkeiten kannte, wie die Erde auf unsere im Verhältnis winzigen Körper einwirkt. Einmal erkannt, wurden diese Gesetzmäßigkeiten in alter Zeit zum Wohl der Lebenden eingesetzt – nicht mehr und nicht weniger.

Warum aber bereitet es uns heute so große Probleme, dieses alte Wissen zu akzeptieren und zu unserem Wohl aufs neue zu praktizieren? Das führt uns zum oben skizzierten Gleichnis von den verschiedenen Menschengruppen im stockfinsteren Raum zurück. Denn auch für die Erdkräfte gilt: Wir können sie nicht sehen, und wir spüren sie nicht bewußt, da sie – mal mehr, mal weniger intensiv – von der ersten Sekunde unseres Lebens an auf uns einwirken. Ebensowenig können wir sie riechen, geschweige denn mit unseren Fingern berühren.

Gleichwohl sind sie da und wirken auf uns ein. Denn die Erde geizt nicht mit ihren Kräften. Überall stellt sie ihren Geschöpfen diese Phänomene zur Verfügung.

Manchem „Realisten", der nur akzeptiert, was er sehen und anfassen kann, wird es schwerfallen, sich in ein solches Weltbild einzustimmen. Ihm erscheint die wenige Kilometer starke Erdkruste bedeutungsvoller als das zu einem Durchmesser von 13 000 Kilometern geballte, überwiegend flüssige Erdinnere, das den gigantischen Eisenkern und gewaltige Gesteinsströme enthält, außerdem – da dürfen wir sicher sein – manche Überraschung für künftige Wissenschaftlergenerationen.

Bei den „Realisten", die all das nicht akzeptieren können, möchte ich mich aufrichtig dafür entschuldigen, daß ich sie möglicherweise mit meinen Ausführungen ärgere. Dennoch muß ich noch ein wenig mit diesem Thema fortfahren:

Der Einfluß der Schwerkraft unserer Erde auf Menschen, Tiere und Pflanzen ist unstrittig. Versuchen wir hiervon ausgehend ein Modell zu entwickeln:

1. Kein Bewohner unseres Planeten könnte ohne die Kraft der Erde, die ihn an den Erdboden bindet, existieren. Doch obwohl wir alle ohne diese Kraft in den Weltraum hinausschweben würden, spüren wir sie nicht bewußt – zumindest nur selten in unserem kurzen Erdenleben.
2. Solange wir uns nach den von Geburt an erlernten Normen und Gewohnheiten verhalten, wird uns in der Regel keine Kraft bewußt, die uns festhält und dafür sorgt, daß wir mit beiden Beinen auf der Erde bleiben.
3. In dem Augenblick aber, da wir von dieser Norm abweichen, indem wir beispielsweise von einer Leiter stürzen, weil wir uns nicht festgehalten haben, wird uns auf drastische Weise vergegenwärtigt, daß da „noch etwas" sein muß.
4. Nach überstandenem Sturz werden wir das Phänomen gleichwohl nicht weiter beachten, da der Sturz mit unseren seit der Kindheit gesammelten Erfahrungen übereinstimmt, also keine Änderung unserer Verhaltensteuerung (außer etwas größerer Vorsicht auf Leitern) erfordert. Die Gesetzmäßigkeiten der Erde beachten wir fast immer nur unbewußt, weil sie in jeder Sekunde unseres Lebens wirken.

Soweit unser Modell, in dem es zwar um die Schwerkraft geht, das sich aber auf andere ständig wirkende Erdkräfte ebenso anwenden ließe.

Nun gibt es allerdings einige kluge Leute, nach deren Ansicht die beginnende Raumfahrt und die ersten Astronauten bewiesen hätten, daß der Mensch auch ohne Schwerkraft leben könne. Haben sie mit dieser Überzeugung recht? Was die Schwerkraft auf unserer Erde betrifft, müssen wir entgegnen, daß es ohne sie kein Wasser und keine Lufthülle für unser irdisches Leben gäbe. Ob Menschen auf Dauer – also für Jahrzehnte – fern von den Einflüssen irdischer Schwerkraft zu leben vermögen, wird erst die fortschreitende Raumfahrt erweisen können.

Darüber hinaus beeinflußt die Erde das Lebenssystem auch durch Magnetismus, das elektrische Feld und andere, größtenteils noch unerforschte Kräfte. Künftige Astronauten werden uns lehren, ob wir für unser Überleben möglicherweise gerade auf solche Erdkräfte angewiesen sind, die man mit heutigen physikalischen Instrumenten noch nicht einmal messen kann.

Kehren wir aber noch einmal zum oben dargestellten Modell unserer Wahrnehmung der Schwerkraft zurück. Da wir ein Leben lang der Schwerkraft ausgesetzt sind, hat sich unser Körper perfekt darauf eingestellt, so daß wir die Wirkung dieser Kraft nicht bewußt zur Kenntnis nehmen.

Allerdings ist die Wirkung der Schwerkraft auf unserer Erde durchaus nicht überall gleich. Meßbare Abweichungen sind aber nach heutigen Erkenntnissen für den einzelnen Menschen bedeutungslos. Auch wenn wir keinen Grund haben, an diesen Erklärungen zu zweifeln, sollten wir indessen bedenken, daß wir bislang über keine Möglichkeit verfügen, unterschiedliche Schwerkraftstärkegrade auf den Meter genau vor Ort zu bestimmen. Daher können wir auch nicht beobachten, ob wechselnde Einflüsse dieser Kraft zu – positiver oder negativer – Veränderung unserer biologischen Funktionen führen. Umgekehrt können wir jedoch aus der Tatsache, daß wir eine dauernd wirkende Kraft nicht bewußt spüren, auch keineswegs folgern, daß sie uns nicht dennoch tiefgreifend beeinflußt.

Die ersten Instrumente zur Bestimmung von Erdkräften

Je schwächer die Effekte, desto länger die Beobachtungszeit, die Menschen benötigen, um Unterschiede festzustellen und daraus Erfahrungen abzuleiten – es sei denn, man baut Instrumente, um diese Unterschiede zu registrieren.

Ein einfaches Beispiel hierfür wäre der Kompaß. Die Seefahrer benötigten ein Instrument, das einfach zu bedienen und so zuverlässig und genau wie möglich war. Diese Anforderung wurde durch den Kompaß erfüllt. Mit Hilfe dieses Instrumentes können wir heute das Phänomen identifizieren, daß eine in labilem Zustand aufgehängte Eisennadel – aufgrund der physikalischen Gegebenheiten der Masse, des Erdkerns und der inneren Strukturen des Erdballs – immer in eine Richtung zeigt. So ermöglicht sie es den Kapitänen und Steuerleuten, Kurs zu halten – auch in Phasen der Orientierungslosigkeit, in die menschliche Sinne bei bedecktem Himmel, bei Nacht und Nebel geraten können.

Wie bei jedem Instrument, führten auch beim Kompaß der ständige Gebrauch und die wachsende Erfahrung mit der Meßfunktion zu laufenden Verbesserungen des Gerätes. Heute, viele Jahrhunderte nach dieser Erfindung, verfügen wir daher über maximal empfindliche, perfekt arbeitende Instrumente.

Was läßt sich aus diesem Beispiel ableiten? Der ständige Gebrauch von Instrumenten führt zu Erfahrungen, die Verbesserungen ermöglichen. Wenn wir dagegen von vorhandenen Instrumenten keinen Gebrauch machen, so können wir auch keine Erfahrungen gewinnen – mit der Folge, daß selbst das alte Erfahrungswissen zur Handhabung der Instrumente wieder in Vergessenheit zu geraten droht. Just so ist es uns Europäern in den zurückliegenden Jahrhunderten mit den steinernen Instrumenten ergangen, deren Vorhandensein und wohltuende Wirkung ich mit diesem Buch wieder ins allgemeine Bewußtsein rücken möchte.

Unerforschte Kräfte der Erde

Könnte es weitere Erdkräfte geben, die bis heute kaum jemand beachtet? Verneinen Sie diese Frage bitte nicht vorschnell.

Da ist zunächst eine bislang nicht untersuchte weitere Form des Erdmagnetismus: Heute wissen wir, daß der Erdkern innerhalb der Erdkugel mit einer eigenen, von der des Mantels abweichenden Geschwindigkeit rotiert. Wie man annimmt, besteht der Erdkern aus mehr oder minder reinem Eisen, das sich wie ein Dynamo an dem umgebenden Material reibt. Die Folgerung liegt demnach nahe: Durch diese Rotation und Reibung entstehen unterschiedlich intensive Strukturen in der magnetischen Aura der Erde.

Und wie verhält es sich mit den elektrischen Phänomenen unserer Erde – Effekten, die durch Rotation und Reibung der Erde mit den Wasser- und Luftmassen zustande kommen? Gibt es ein individuelles „bioelektrisches Umfeld“ des Menschen? Und wenn ja: Wie verhalten sich diese Felder zu dem „geoelektrischen Feld“ der Erde?

Zur Zeit verfügen wir noch nicht über allgemein anerkannte Instrumente, die sensibel genug wären, um solche Phänomene exakt zu bestimmen. Das aber bedeutet keineswegs – vergegenwärtigen Sie sich bitte das Gleichnis von den Menschen im dunklen Raum –, daß nicht vorhanden sein kann, was wir derzeit nicht mit wissenschaftlicher Exaktheit zu messen vermögen.

Des weiteren stellt sich die Frage, welche geologischen Formationen der erkalteten Erdkruste mehr oder weniger geeignet sind, die geoelektrischen und geomagnetischen Kräfte zu beeinflussen. Lassen sich solche Einflüsse gar mit dem menschlichen Auge beobachten?

Wir sollten uns davor hüten, diesbezügliche Erfahrungen der Naturvölker einfach vom Tisch zu wischen. Sie haben Generationen darauf verwendet, wiederkehrende Phänomene zu beobachten. Sodann versuchten sie ihre Erkenntnisse praktisch umzusetzen, wobei sich letztlich nur die Vorkehrungen und Maßnahmen durchsetzen konnten, die sich in der Praxis als besonders wirkungsvoll erwiesen. Mehr oder minder deutlich sind auf dem ganzen Erdball die Überreste solcher Versuche zu erkennen, Resultate von Naturbeobachtung in steinerne Instrumente umzusetzen. Ob die Pyramiden der alten Ägypter oder der Inkas und Mayas, die Tempel der Buddhisten in China und Indien oder Bauwerke anderer traditionsreicher Kulturen – sie alle sind Glieder einer Überlieferungskette, zu der die Christenheit als relativ späte Erbin dieses uralten Erfahrungswissens zählt.

Stammt das Wissen um die Kraft der Erde aus Ägypten?

Allem Anschein nach hatten die alten Ägypter in den ersten 3000 Jahren ihrer Kultur die Quelle des Wissens um die nie versiegenden Kräfte unserer Erde für sich entdeckt. Drei Jahrtausende sind eine Menge Zeit, um die Natur zu beobachten und Vorrichtungen zur Nutzung der Naturkräfte zu ersinnen. Und sehr vieles spricht dafür, daß die steinernen Zeugnisse dieser alten Kultur – Obelisken und die mächtigen Säulen der Tempel am Nil – nicht etwa nur als Dekorationsstücke dienten, sondern spezifische Kraftpunkte markierten.

In meinem Buch „Die Heilkraft der Pyramiden" habe ich die Effekte beschrieben, die sich im Umkreis von Pyramiden und Obelisken beobachten lassen. Hinsichtlich des Ursprungs dieses uralten Erfahrungswissens ist jedoch Zurückhaltung geboten: Nach manchen Berichten bildete sich zur selben Zeit – ca. 2700 v. Chr. – in China eine ähnliche Wissenschaft heraus. Ob sich diese beiden Kulturen gegenseitig befruchteten oder jede für sich ein Wissen um die Kraft der Erde entwickelte, wird die künftige Forschung sicherlich klären können. Erwähnenswert ist in diesem Zusammenhang noch das hartnäckige Gerücht, demzufolge auch in chinesischen Provinzen in alter Zeit Pyramiden gebaut und Hügel zu besonders heiligen Orten erklärt worden seien.

Erwiesen ist, daß man im alten China „heilige Städte" mit Säulen baute, die über Tausende von Kilometern herangeschafft wurden. Mühevoll transportierte man während der Wintermonate mächtige Säulen nach Peking, auf daß diese – in der Verbotenen Stadt aufgestellt und fachkundig ausgerichtet – im Palast des „Sohnes des Himmels" geheimnisvolle Kräfte erzeugten, um so die Macht der Dynastie zu erhalten.

Wir sollten uns davor hüten, solche „rätselhaften Handlungen" schlicht als Aberglauben abzutun. Mit hoher Wahrscheinlichkeit trachteten die Wissenden des alten China, ihrem Kaiser und seiner Dynastie solcherart die Quelle der Erdkräfte zu erschließen. Nicht anders handelten auch die ägyptischen Pharaonen, Inder und Mayas, die irischen Mönche der christlichen

Frühzeit und der sagenhafte König Artus, ja selbst die Hohenzollern und der Leibarzt von Reichskanzler Bismarck[1] und viele andere mehr.

Wie könnte sich das geomantische Wissen ausgebreitet haben?

Um 700 v. Chr. breitete sich das Wissen um die Geomantie[2] – die Kunst, positive Elementarkräfte der Erde zu nutzen und negative unschädlich zu machen – von Ägypten kommend in alle Himmelsrichtungen aus. Zur selben Zeit erklommen die im späteren Griechenland siedelnden Stämme mit erstaunlicher Raschheit ein hohes kulturelles Niveau. Unübersehbar sind in diesem Zusammenhang auch gewisse Parallelen in der Anlage von ägyptischen und griechischen Tempelbauten, wobei allerdings die landschaftlichen Unterschiede berücksichtigt werden müssen: Ägypten ist ein eher flaches, vom Nil durchzogenes Land, Griechenland dagegen ein bergiges Gefilde mit einer sehr langen Küstenlinie sowie zahlreichen vorgelagerten Inseln.

Während die Ägypter ihre Tempel notgedrungen an der Uferböschung des Nils errichteten, konnten die Griechen für ihre Anlagen Bergspitzen, Berghänge und Täler auswählen. Einer der berühmtesten auf einer Bergspitze errichteten Tempel ist die Akropolis von Athen – deren Standort im übrigen denjenigen des Vatikans in Rom und der Burg Hohenzollern bei Hechingen ähnelt. Das wiederum ist, mit den Augen des Geomantikers betrachtet, gewiß kein Zufall, wie wir im folgenden noch ausführlich erörtern werden.

Ob schließlich die alten Römer direkt durch die ägyptische oder auf dem Umweg über die griechische Kultur von den geomantischen Geheimnissen erfuhren, läßt sich heute nicht mehr mit Gewißheit feststellen. Sicher ist jedoch, daß

- die ältesten altägyptischen Pyramiden spätestens um 2600 v. Chr. entstanden,
- Obelisken in Ägypten ebenso wie in Babylon ab 1300 v. Chr. errichtet wurden,
- die Römer ägyptische Obelisken nach Rom transportieren und dort aufstellen ließen.

---

[1] Hierzu s. S. 160

[2] Vgl. zu diesem Begriff auch die Erläuterungen im Anhang.

Obelisken – „steinerne Nadeln", wie sie mit Recht auch genannt werden – finden wir in Irland als Rundtürme wieder, die (soviel sei hier schon verraten) auf besonders wirkungsvollen Kreuzungspunkten der Erdkräfte errichtet wurden. Und mit ein wenig Phantasie erkennen wir die Grundform des Obelisken noch in unseren christlichen Kirchtürmen und in den muslimischen Minaretten wieder.

Wenngleich für den ungeschulten Blick nicht ohne weiteres zu erkennen, leiten sich auch die Säulen, wie sie gerade in Griechenland bevorzugt wurden, von den altägyptischen Obelisken her. Immerhin wurde die Säulenform zunächst in Ägypten erprobt und erst später nach Griechenland importiert. Die meisten heute noch in Ägypten erhaltenen Tempel stammen ohnehin aus der ptolemäischen Periode, in der die Griechen das Land am Nil beherrschten.

Typisiert man nun Formen und Standorte aller erwähnten Steinmonumente, so fällt folgendes auf: Sie alle sind

- auf eine Nord-Süd-Achse ausgerichtet,
- auf Gewässer bezogen (Nil, Fluß, See) und
- verfügen über ein System von Nebenbauwerken.

Wie wir im weiteren Verlauf sehen werden, haben die alten Architekten auf diese Weise versucht, die an den betreffenden Orten austretenden Kräfte der Erde zu verstärken, umzulenken oder ihrer weiteren Ausbreitung entgegenzuwirken.

Im Rahmen seiner „geodätischen" Hypothese postuliert Underwood[1], daß die alten Baumeister vom Vorhandensein bestimmter Muster im Energiefeld der Erde gewußt hätten, diese als für die religiöse Architektur und den damit verbundenen Symbolismus bedeutsam ansahen und deshalb bewußt nutzten. Die Beziehung zwischen Architektur und diesen „Linienmustern" sei von der Jungsteinzeit bis zur Renaissance zu beobachten.

Kaum strittig dürfte sein, daß junge Männer aus Griechenland das Wissen Ägyptens nach Europa brachten. Meist waren es Novizen, die sich in den Tempeln der Ägypter ausbilden ließen – so etwa Pythagoras, der nach Heliopolis, nahe dem heutigen Kairo, geschickt wurde und nach 22-jähriger Ausbildung in den Priesterschulen Ägyptens in seine Heimat zurückkehrte.

---

[1] Auch hierzu vgl. die Erläuterungen im Anhang dieses Buches.

Erfüllt vom Wissen um Dinge, für die keine der kriegerischen Sippen Griechenlands Verständnis zeigte, erlitt er das Schicksal aller Neuerer, die ein bestehendes System um neue Ideen zu bereichern versuchen: Durch seine Ideen fiel er beim damaligen Establishment unangenehm auf und wurde als Querdenker und Störenfried ins heutige Italien verbannt. Dort aber verwirklichte er die ägyptischen Ideen in einer Bruderschaft, die er in der Gegend des heutigen Bari etablierte.[1]

Unter anderem galten die Pythagoräer als hervorragende Heiler. Besondere Wunderdinge berichtete man von ihrem Gründer, Pythagoras selbst: Er soll mit einer eigens zu diesem Zweck komponierten Musik Krankheiten geheilt haben. Das erinnert sehr an heutige Versuche, psychosomatische Erkrankungen durch ganzheitliche Harmonisierung zu behandeln. Da wir wissen, daß sich Pythagoras lange Zeit in Ägypten aufhielt, dürfen wir davon ausgehen, daß er auch die besondere Heilkraft der Orte kannte, an denen Pyramiden, Obelisken und Säulengänge errichtet worden waren.

Gleich einem Kriminalkommissar, der bei Beginn der Ermittlungen zu einem neuen Fall nur die Spuren und das Opfer kennt, jedoch allenfalls bruchstückhaft über die Hintergründe informiert ist, sollten nun auch wir uns den „steinernen Indizien“ zuwenden. Suchen wir also nach Spuren in Europa, nach Hinweisen darauf, daß die Griechen und ihre Nachfahren über geomantisches Wissen um den Kraftkörper der Erde verfügten.

[1] Ausführlicher stellte ich Leben und Wirken des Pythagoras in meinem oben erwähnten Buch „Die Heilkraft der Pyramiden“ dar.

Das Erbe der Kelten

Wir heutigen Westeuropäer sind nicht zuletzt auch Erben der keltischen Kultur. Um deren Mysterien und das Geheimwissen ihrer Priester – der legendären Druiden – zu enthüllen, müssen wir unser Auge schulen, damit wir die keltischen „heiligen Stätten“ zu identifizieren lernen.

Tatsache ist, daß die Kelten in ganz Westeuropa, bis hinauf nach Irland, sogenannte Cromlechs anlegten – Heiligtümer mit einem Durchmesser von bis zu 36 Kilometern. Gibt es eine Möglichkeit, auch diese Orte hinsichtlich Ausrichtung und Standorten zu typisieren? Wenn ja, wie viele der so typisierten Orte lassen sich nachweisen? Und schließlich: Was haben die Nachfahren seither an diesen Plätzen verändert?

Die baulichen Veränderungen durch christliche Missionare dienten dem einzigen Zweck, diese Orte mit den „magischen Kräfte der Erde“ der neuen christlichen Weltanschauung einzuverleiben. Soweit solche Plätze christianisiert wurden, bestehen sie bis heute unter dem Namen „Wallfahrtsorte“. Im deutschsprachigen Raum sind bzw. waren die Mönche und Nonnen an diesen Stätten als barmherzige Pfleger der körperlich Kranken sowie als Heiler psychosomatischer Krankheiten tätig.

Jedoch wurden nicht alle Orte der Erdkräfte, welche die Kelten kannten und nutzten, von den neuen geistlichen Führern, den Missionaren, übernommen. Vielmehr wurden manche dieser den Kelten heiligen Stätten damals „stillgelegt“, teilweise auch Jahrhunderte später wieder aktiviert, weil man auf sie nicht verzichten wollte.

Eine solche Stillegung war einfach zu bewerkstelligen: Man erklärte die betreffende Kraftstätte schlicht zu einem heidnischen Opferplatz, an dem Menschen zum Wohl der unchristlichen Götzen massakriert worden seien und der Teufel persönlich erscheine – damit war der Kultplatz für jedermann tabu.

Dagegen behielt die christliche Obrigkeit andere Orte mit keltischer Tradition, z.B. Gerichts- und Richtplätze, aus politischen Gründen noch lange Zeit in Betricb. Die Kelten hatten für Gericht, Verurteilung und Bestrafung Plätze ausgesucht, die den Angeklagten soviel psychische Kraft raubten, daß sie mut- und kraftlos wurden. Nichts ist für Richter, Ankläger und Gerichte unangenehmer als ein uneinsichtiger, rebellischer, energiegeladener Delinquent. Die Führer des frühen Christentums bedienten sich noch lange Zeit dieser Richtplätze, um potentielle Rebellen durch Todesdrohungen einzuschüchtern und den neuen Glauben in den Herzen der folgenden Generationen zu fixieren.[1]

Weitere keltische Kraftstätten dagegen überdauerten die Zeiten, indem sie mit einem christlichen Etikett versehen wurden. Jedoch wurden meiner Schätzung nach im Gefolge der Christianisierung in Mitteleuropa 90 Prozent aller Orte mit „Erdwirkungen“ stillgelegt. Wir können davon ausgehen, daß in vorchristlicher Zeit praktisch jede Sippe „ihren Platz“ hatte, an dem sie ihren erdenergetischen Bedarf deckte. Jedoch verfügte die frühe Christenheit bei weitem nicht über genügend zuverlässige und geschulte Missionare, die das Treiben an solchen Orten hätten überwachen können.

Wer heute Irland bereist, sieht mit Erstaunen, wie viele solcher Orte mit Steinsetzungen (druidischen Steinkreisen) noch vorhanden sind. Auch wenn die Anlagen längst verfallen, die Steine meist umgestürzt und unvollständig sind, lassen sich typische Kennzeichen der druidischen Steinkreise gleichwohl noch heute identifizieren. Charakteristisch für sie ist zunächst, daß sie alle auf Bergen und in der Nähe von Flüssen bzw. in Sichtweite des Meeres liegen.

Indessen gibt es auch hierzulande noch viele solcher Plätze – sicher auch in Ihrer Nähe, liebe Leser –, die nur darauf warten, wieder genutzt zu werden. Nur scheinbar sind diese Kraftstätten in Mitteleuropa seltener als in Irland; sie sind nur in Vergessenheit geraten.

Wie bereits erwähnt, wurden manche der stillgelegten Plätze sogar von der christlichen Obrigkeit selbst – oder zumindest mit deren Segen – wieder aktiviert, nachdem die neue Kirche erst einmal ihre Herrschaft gefestigt hatte. Die Wiederinbetriebnahme eines solchen Ortes war im Prinzip ebenso einfach zu bewerkstelligen wie seine Stillegung:

---

[1] Nach den Erfahrungen der Dominikaner in Kroatien dauert die Missionierung eines Volkes mindestens 400 Jahre. Als der Islam in Dalmatien katholische Pfründe überrannte und etwa 250 Jahre besetzt hielt, kehrten die meisten Zwangsislamisierten nach der Rückeroberung zum Glauben ihrer Vorväter zurück. Nur wenige blieben islamisch. In den bosnischen Gebieten dagegen, wo die Besetzung fast 400 Jahre anhielt, zeigten sich die Zwangsislamisierten an einer Rückkehr zum Glauben ihrer Vorväter nicht mehr interessiert.

Nehmen wir an, daß der Platz seit Jahrhunderten nicht mehr benutzt worden und daher als „heiliger Ort“ nicht mehr bekannt war. Plötzlich aber geschah an dieser Stelle ein „Wunder“ – dem man im übrigen nicht unbedingt nachhelfen mußte, denn der Platz hatte es ja meist tatsächlich in sich. Das Mittelalter kennt zahlreiche solcher wunderkräftigen Orte, an denen beispielsweise

- ein blind geborenes Kind sehend wurde,
- ein Stummer wieder zu sprechen begann,
- ein Schwerverletzter wieder gesundete,
- ein Toter (im Koma Liegender) wieder lebendig wurde usw.

Der von den geistlichen Herren abhängige Junker, Herzog oder Fürst, zu dessen Gebiet der Wunderort zählte, war meist allzu gerne bereit, seine Sündenlast zu verringern: Er öffnete seinen Beutel, um eine Kapelle, eine Kirche oder gar ein Kloster zu stiften, das am Ort des Mirakels für alle Zeiten an das wundersame Wirken Gottes erinnern sollte – ungeachtet der Tatsache, daß sich göttliche Kräfte schon in keltischer Zeit am nämlichen Ort offenbart hatten.

Bemerkenswerterweise wurden, wie wir heute rückblickend erkennen können, auch die an solchen Stellen errichteten christlichen Bauwerke nach den Regeln der Geomantie angelegt und ausgebaut. Vermutlich dienten sie also zur Behandlung von – meist psychosomatischen – Beschwerden der Gläubigen. Das zuvor aufgetretene „Wunder“ könnte die Wissenden auf dort wirkende Kräfte aufmerksam gemacht haben, deren Vorhandensein anschließend vielleicht auch durch radiästhetische Messungen seitens kundiger Mönche bestätigt wurde, woraufhin die Entscheidungsträger sich wohl entschlossen, den betreffenden Ort für die Bevölkerung zu reaktivieren.

Wie die Kelten die Heilkraft der Erde nutzten

Warum errichteten die alten Ägypter titanische Pyramiden, während sich die keltischen Druiden damit begnügten, ein paar Hinkelsteine auszulegen? Geomantisch macht es einen gewaltigen Unterschied, ob man die Erdkräfte eines relativ flachen Landes wie Ägypten zu nutzen versucht oder – wie die Kelten – Berge und Täler, Quellen und fließende Gewässer zur Verfügung hat. Wollten die Ägypter den Standortvorteil einer beträchtlichen Bodenerhebung nutzen, so mußten sie folglich einen künstlichen Berg aufschütten lassen – eine Pyramide, die aus rund 2,5 Millionen Tonnen Gestein errichtet wurde.

Die keltischen Druiden dagegen brauchten sich solcher Mühsal nicht zu unterziehen. In ganz Mitteleuropa und bis hinauf in den irischen Norden genügte es, Steine auf vorhandenen Bergen zu den richtigen Plätzen zu bringen und dort nach einem astronomisch bestimmten System zu setzen. Damit war der Ort der Kraft markiert und in Funktion.

Mag sein, daß die christlichen Missionare auf der Insel im Atlantik erstmals auf die Kräfte der Erde und ihres Zusammenspiels aus Wasser, Fels und Erdmagnetismus aufmerksam wurden. In Irland, so scheint es mir, spürt man den Puls der Erde intensiver. Das ist allerdings kein Wunder: Als Insel ist Irland ist in besonderem Maße der Bewegung des Wassers an seinen Küsten ausgesetzt. Der nackte Fels türmt sich überall auf und wird von Luftmassen massiert, die zuvor Tausende von Kilometern über den atlantischen Ozean gezogen sind. Im Grunde ist die ganze Insel Irland ein einziges Stonehenge – sozusagen ein „Stonegarden" der Wirkung von Erdkräften.

„Steingärten" dieser Art finden wir freilich auch hierzulande. Um nur wenige Beispiele herauszugreifen: In Steingaden steht die Wieskirche, in Steinhausen eine weitere Kirche, die Baltasar Neumann erbaut hat – ein Wissender, wie wir noch sehen werden. Auch in der Umgebung von Orten mit Namen wie Steinheim, die ihre Ursprünge urkundlich sehr weit zurückverfolgen können, stößt man meist auf keltische Spuren, selbst wenn davon kein Lokalhistoriker mehr etwas weiß.

Das archäologische Inventar der sogenannten „Circles", der keltischen Steinkreise also, umfaßt allein für die irische Provinz Cork zwei Bände! Für mich erklärt diese Fülle von Kraftorten auf der grünen Insel am treffendsten, warum die Bewohner Irlands zwar ungemein liebenswürdig, zugleich aber so widerborstig, aufmüpfig und radikal sind. Auch die Mönche, die vor etwa 1300 Jahren von dort kamen, um auf ihrer Wanderschaft nach Rom abermals Mitteleuropa zu missionieren, verblüfften und überzeugten die hiesige Bevölkerung mit ihrem gewaltigen Energiepotential. Bei dieser Gelegenheit suchten sie auf dem Kontinent übrigens nach ähnlichen Effekten wie jenen, die sie durch die irischen Kraftstätten gewohnt waren. Suchten sie nach Orten, an denen sie sich geistig wieder aufladen konnten? Höchstwahrscheinlich ja.

Als die Mönche schließlich in Rom eintrafen, gelang es dort nur mit einiger Mühe, diese „geistigen Energiebomben“ zu entschärfen, ihre Ideen zu kanalisieren und schließlich zu verwässern. Auf der irischen Insel selbst aber hatten einst die Druiden, später die dortigen Mönche einen Verbund geschaffen, der wohl heute noch auf der Welt seinesgleichen sucht.

Die Artusrunde und das Geheimnis keltischer Steinkreise

Die Artussage glaubt jeder zu kennen, doch Hollywoodfilme, die den Helden aus amerikanischer Sicht darstellen, haben unserer Phantasie klischeehafte Bilder von edlen Ritter, holden Damen, heroischem Kampf um die Macht und finsteren Intrigen der Bösewichte aufgeprägt. Falls Sie an das Edle, Wahre und Gute im Menschen bedingungslos glauben, möchte ich Ihnen diese Illusion nicht rauben, aber die Sage von König Artus, dem Schwert Excalibur und der Tafelrunde spielte ursprünglich nicht in der Ritterzeit. Indem die Traumfabrik in Hollywood die von Troubadouren ins Mittelalter übertragene Legende als Leinwandepos inszenierte, verschloß sie unsere Augen für die mutmaßlichen Zusammenhänge zwischen den Stonhenges dieser Erde und dem Schwert Excalibur.

Hier also eine etwas andere – und sicherlich realitätsnähere – Version der weltberühmten Artussage:

Überall, wo eine keltische Sippe, ein Clan oder ein Stamm siedelte, ermittelten die geistigen Führer den Ort mit den stärksten Kraftwirkungen, Störzonen und Austritten aus der Erde. Sie markierten diesen Platz in Form eines Steinkreises, um den herum der Clan in einem Umkreis von vielen Kilometern siedelte. Ein solches Einzugsgebiet nannten die Kelten *Cromlech* oder *Rhedea* (Rad), da diese Bezirke annähernd kreisrund waren, also die Form eine Rades hatten. Auch deutsche Ortnamen wie *Rheda, Rade, Reute* oder französische wie *Rennes* weisen auf solche ehemaligen Zentren hin.

Der „Chefdruide“ bzw. (in weiblicher Form) die Drude eines Clans war in das Wissen um den lokalen Steinkreis eingeweiht. Er oder sie kannte also die exakte Ausrichtung der Zirkel (die übrigens selten exakt kreisförmig angelegt wurden, sondern meist eiförmig abgeflacht waren) und deren Kraftwirkung. Als Zeichen der Würde trug die Drude bzw. der Druide eine bestimmte Brosche, die man heute in Irland und anderswo irrtümlich als Stiefelschnalle oder Gürtelverschluß ansieht. In Wahrheit war dies das oberste Stammeszeichen des keltischen Clans. Unter anderem besagte es, daß der Träger sozusagen ein „kleiner Artus“ war, der „das Schwert aus dem Kreis zu ziehen“ verstand – mit anderen Worten: der die Kraft aus diesem Zirkel zu nutzen und bei Bedarf an einen anderen Ort zu übertragen wußte.

Typische Brosche eines keltischen Clan-Druiden

Ging es darum, einen neuen Führer zu wählen oder existentielle Fragen wie Krieg, Verteidigung oder Notzeiten des Volkes zu diskutieren und Entscheidungen zu fällen, dann versammelten sich die Träger dieser „kleinen Artusschwerter“ an einem Platz, an dem sicherlich ein besonders großer Steinkreis errichtet worden war.

Im Lauf der Jahrhunderte haben Troubadoure und Sagenbücher, schließlich vor allem die Hollywoodfilme diese keltischen Kultplätze in unserer Phantasie mit einem vermeintlichen „Schloß des Artus“ und seinen „Rittern der Tafelrunde“ vermengt. Das Urbild dieses großen runden Tisches, an dem edle Ritter Platz nahmen und ihre Schwerter, die Spitzen zur Mitte des Tisches hin ausgerichtet, zu einem Stern zusammenlegten, ist jedoch jene Kraftstätte, an der die kleinen Schwerter der keltischen Clanführer zu einem Großen Schwert vereinigt wurden. Die Überlieferung schildert uns das Verschmelzen der Macht der kleineren Steinkreise – der Kraft der anwesenden Artusschwerter – zu einem einzigen großen Königsschwert: der Macht der Kelten!

Diese Verschmelzung fand sicherlich nicht an leicht auszuspähenden Orten wie Stonehenge, sondern an einer geheimen Stätte in der Nähe statt. Es gab sehr genaue Regeln für Winterlager, Sommerlager und das „Heerlager".

Anschließend trat der „große Artus" vor das Volk bzw. zog mit den Kämpfern dorthin, wo das Heerlager errichtet wurde. An diesem Ort, der sicherlich eine sehr stark aufladende Wirkung besaß, bekamen die Krieger – durch entsprechende Verweildauer – eine energetische Überdosis verabreicht, wodurch sie aggressiv und siegessicher wurden. Die Wikinger – die Kelten des Nordens – dürften ihre psychische Energie und Motivation aus eben solchen Ritualen gespeist haben, ehe sie zu Raubzügen aufbrachen, wie M. Mestdagh[1] dies in seinen Büchern beschreibt.

Steinkreise als Observatorien und Kalender

Wie Archäologen, Meteorologen und Astronomen in den vergangenen Jahrzehnten herausfanden, konnten die Menschen der Stein- und Bronzezeit durch die Anordnung von Steinen verblüffend genau die Bewegungen der Himmelskörper „messen": Die Eingeweihten dieser alten Kulturen errichteten Anlagen und Bauwerke, in denen sie wiederkehrende Phänomene der Astronomie baulich markierten, um so für sich eine Art Jahreskalender zu entwickeln.

A. Thom[2] veröffentlichte 1967 einige Beispiele von abgeflachten Kreisen, Ellipsen und Eiformen. Vergleicht man diese typisierten geometrischen Formen mit den oben erwähnten Broschen (s. Abbildungen S. 36 und 37), so weisen die von Thom eingezeichneten Visierlinien und Punkte eine auffallende Ähnlichkeit mit den Schwertern und Edelsteinen auf, welche die Broschen aus Irland zieren.

---

1 M. Mestdagh: De Wikinger. Gent 1990

2 A. Thom: Megalithic Sites in Britain. London 1967

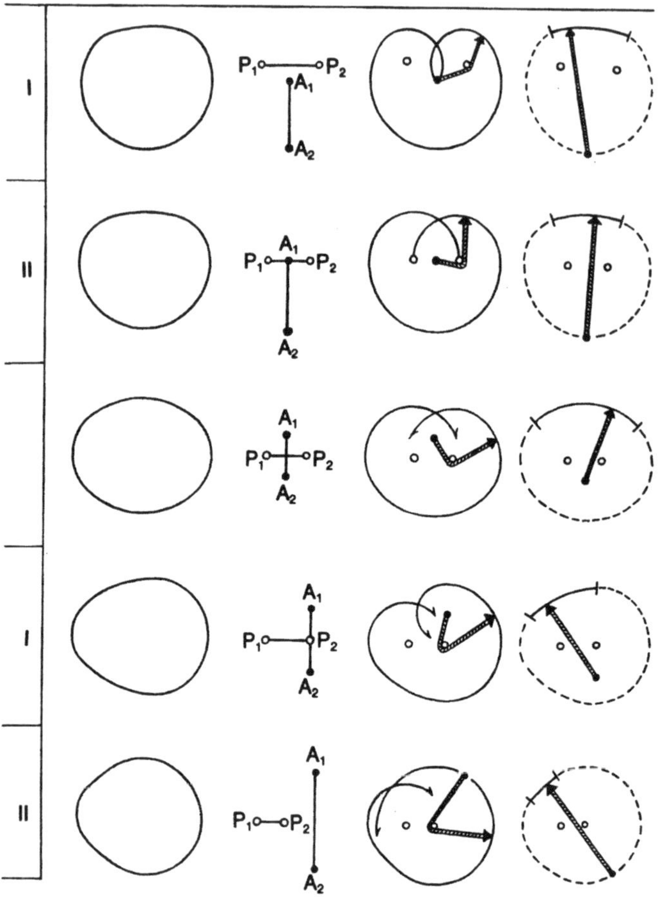

Konstruktion von abgeflachten Kreisen, Ellipsen und Eiformen

Handelte es sich bei den Broschen demnach um Miniatur-Steinkreis-Uhren der Kelten? Ich selbst halte dies für unwahrscheinlich, denn die Broschen müssen an einem Festpunkt ausgerichtet werden; man kann sie also nicht beliebig auf jeden Steinkreis übertragen.

Bei weiterem Nachdenken stoßen wir jedoch auf die zweite mögliche Erklärung: Die Brosche könnte sozusagen als Gebrauchsanweisung für den jeweiligen Steinkreis gedient haben,

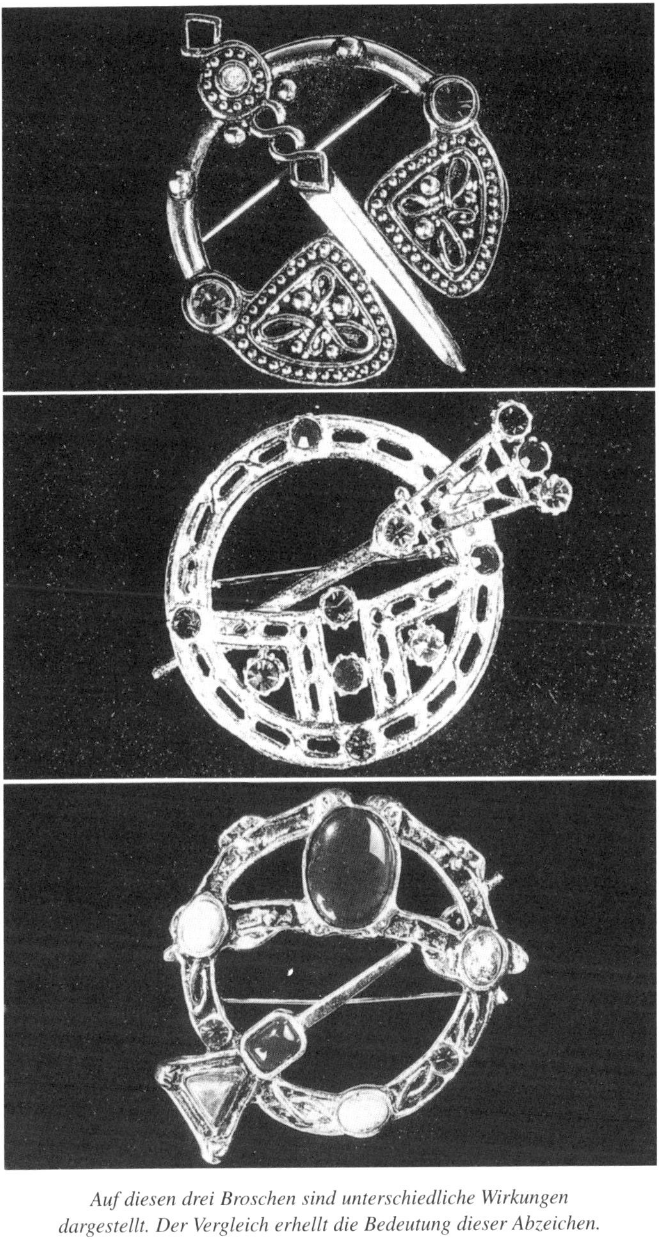

Auf diesen drei Broschen sind unterschiedliche Wirkungen dargestellt. Der Vergleich erhellt die Bedeutung dieser Abzeichen.

zu dem sie gehörte. Unabhängig hiervon können die Steinkreise natürlich mehrere Funktionen erfüllt haben, also auch zur astronomischen Bestimmung wiederkehrender Jahresauffälligkeiten am Himmel verwendet worden sein. Ja, man konnte sogar nachweisen, daß eingeweihte Druiden die Mondfinsternisse in der dortigen Region vorherzusagen vermochten, indem sie einfach an den Steinen abzählten.

Die Ringe der Kraft – ein Mythos wird entblättert

Das Ritual, das in einer Steinkreis-Anlage zelebriert wurde, kann man sich heute etwa so vorstellen:

Die Sippe, bestehend aus einigen hundert Menschen, versammelte sich an ihrem kleinen Steinkreis – ähnlich wie es heute christliche, islamische oder buddhistische Gebetsgemeinschaften in Kirchen, Moscheen oder Tempeln tun. Mittels ihrer psychischen Gebetskraft lenkten die Leiter die Gruppe auf einen gemeinsamen Bezugspunkt (Maria, Allah, Buddha…). Die Vereinigung der Gedanken einer Gruppe in einem Ritual des Glaubens ist nicht leicht zu erklären und noch schwerer zu beweisen. Die Praxis zeigt jedoch, daß es funktioniert. Modellhaft können wir uns solche Verschmelzung am einfachsten so vorstellen, daß sich die Gemeinde durch das gemeinsame Gebet wie ein Kondensator auflädt. Durch das Gebet entsteht sozusagen kollektive psychische Energie.

Die so gewonnene psychische Kraft wurde offenbar zielgerichtet entladen – im Versammlungsraum oder an einem anderen Platz, wohin man diesen psychischen Energiepool transportierte. (Bei einer Wallfahrt zum Beispiel wird die gemeinsam gewonnene psychische Energie von A nach Ort B transportiert.)

Stellen wir uns nun vor, es sei Sonnwende, also der 24. Juni nach unserer Kalenderordnung. Von allen Seiten nähern sich Pilgerzüge einem Steinkreis. Dort vereinigen sich die Energieträger und bringen in einem Finalritual die Gesamtenergie zur Entladung oder Ausschüttung. (Bei heutigen Wallfahrten wird derselbe Effekt durch eine andere Organisation erreicht: Die Energie wird auf die mitpilgernden Kranken bzw. psychisch Geschwächten entladen.) Denn in der Zeit der keltischen Steinkreise und Druiden mußten die Anführer der Sippe diese Ladung des Kondensators an einen Ort bringen, wo sie ihre Energien mit den Kräften der anderen Clanführer vereinigten. War diese „Artusrunde“ vollständig, waren also alle Sippen anwesend, so wurde derjenige zum „König Artus“ ernannt, der imstande war, die Gesamtkraft (symbolisiert durch das Königsschwert Excalibur) auf sich zu lenken (in der Sage: das Schwert aus dem Stein zu ziehen). Wir dürfen annehmen, daß dieser Befähigte nun auch in der Lage war, das Ziel der gebündelten Energie exakt zu bestimmen.

So war gewährleistet, daß nur derjenige zum Anführer wurde, der wußte, wie man mit solchen Kräften umgeht. Der Vorteil einer solchen Organisation gegenüber feindlichen Horden, die lediglich über wilde Muskelkraft verfügen, ist offensichtlich. Tatsächlich verstanden es die Kelten, zu Lande wie zu Wasser ihre Gegner in Angst und Schrecken zu versetzen. Ob diese Fähigkeit auf Autosuggestion oder worauf auch immer beruhte – sie ermöglichte es ihnen (wie auch den Wikingern), in kleinen Gruppen mit großem Effekt erfolgreich zu operieren.

Um das zu erkennen, müssen wir nur den Grundriß des Oktogons der Pfalzkapelle in seiner ursprünglichen Konstruktion (s. Abbildung S. 40 dunkel gezeichnet) ansehen und die späteren Anbauten ignorieren. Karl der Große ein König Artus – wer hätte das gedacht!

Unschwer erkennt man die Ost-West-Orientierung der ursprünglichen Pfalzkapelle. Offenbar wurde die Kraft aus östlicher Richtung in den Kreis eingebracht und nach Westen ausgerichtet.

Lage und Anordnung der irischen Steinkreise

Die irischen Steinzirkel sind besonders geeignet, die Technik der Plazierung und die weitere Entwicklung vom Steinkreis zur kultischen Rundhütte zu demonstrieren. Da Irland noch immer dünn besiedelt ist, kann man bis heute zum Teil sehr gut erhaltene kleine Steinkreise ehrwürdigen Alters inmitten weidender Kuh- oder Schafherden vorfinden.

So konnte ich im Frühjahr 1997 stundenlang einen solchen Kreis in Castletown Beara untersuchen, ohne dort einen einzigen Menschen – ob Einheimische oder Touristen – zu sehen. Der Zirkel war sehr gut erhalten; zumindest vermittelte er den Eindruck, noch im „Urzustand“ zu sein. Bei längerem Verweilen an dieser Stätte erschlossen sich mir Details der Anlage und deren verborgene Logik, basierend auf der Kombination des

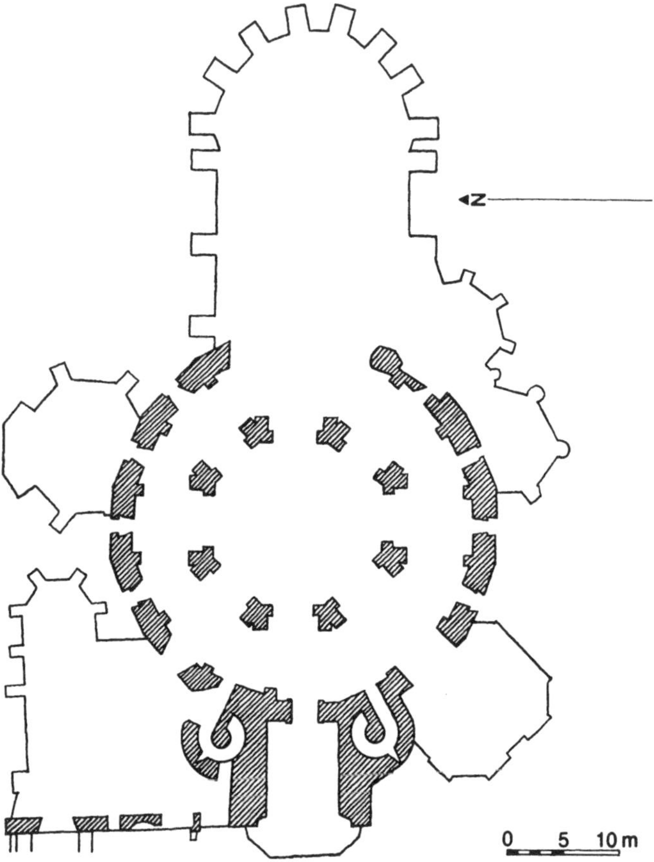

Grundriß des Oktogons der Pfalzkapelle Karls des Großen in Aachen (dunkel) sowie Umrisse der späteren Anbauten

nächtlichen Sternenhimmels und bestimmter Auffälligkeiten der tagsüber sichtbaren Landschaft mit den gesetzten Steinen.

Diese subtilen Verbindungen lassen sich meist nicht auf Fotos dokumentieren, denn das Objektiv einer Kamera ist dem menschlichen Auge deutlich unterlegen. Eine Auffälligkeit in der Ferne läßt sich nicht gleichzeitig mit dem Objekt in der Nähe fotografieren. Aufgrund dieser Größenverhältnisse sieht

Typische Steinsetzung in Irland

man auf dem Lichtbild in der Ferne praktisch nichts mehr, während das Auge fern und nah zusammenzufügen vermag.

Ob sich der gute Zustand mancher Steinkreise damit erklärt, daß die Kreise (nicht nur während Sonnwendtagen und -nächten) noch immer in regem Gebrauch sind? Der Verdacht drängt sich auf …

Die Lage der Steinkreise

Der einfache, kleine Steinkreis liegt typischerweise

- auf einem Hügel oder
- einer Bergkette vorgelagert oder
- auf einer vom Meer umgebenen Landzunge.

Es sind Plätze

- mit freier Rundumsicht, zumindest mit Sicht nach Süden und Osten sowie
- mit Blick auf das Meer oder auf ein anderes Gewässer.

Der Form der Steinkreise

Die Steinsetzungen sind

- nicht exakt kreisförmig,
- vielmehr nach Osten hin abgeflacht.

Der Mittelpunkt ist ursprünglich nicht als solcher markiert; heute jedoch liegt oft ein Stein als symbolisches Zentrum darin.

Größe und Anordnung der Steine

- Zwei Steine des Kreises fallen sofort auf, denn sie sind deutlich breiter als die anderen: Anscheinend waren diese beiden Steine als Reflektoren gedacht, ähnlich den Reflektoren an heutigen Antennen.
- Die übrigen sitzen nicht dicht nebeneinander, sondern weisen Zwischenräume auf.

Mittelhoher Baumwuchs wird radiästhetisch mit Verwerfungen erklärt.

Instrumente zur Untersuchung von Steinkreiswirkungen

Auffälliger Pflanzenwuchs

Betrachten Sie nun die Abbildung auf S. 42: In der Richtung, die mit „BW“ gekennzeichnet ist, findet sich mittelhoher Baumwuchs, den Radiästhesisten mit Verwerfungen, Störzonen usf. erklären.

Auffällig ist überdies eine keilförmige Kerbe (niedrigerer Pflanzenwuchs) in der Flora. Die radiästhetische Messung in dieser Richtung – Süden – ergibt, daß hier eine starke Kraft die den Steinkreis ringförmig umgebenden Plus/Minus-Zonen durchbricht. Könnte dieser Keil mit dem legendären „Schwert“ identisch sein?

Das Prinzip der Steinkreise

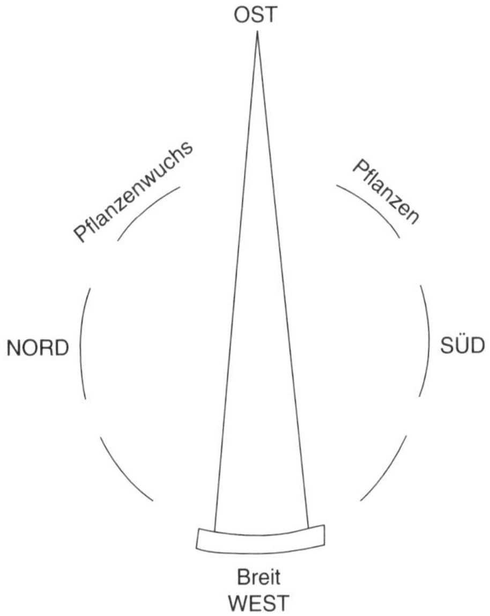

Auffällig ist die keilförmige Kerbe südlich des Steinkreises: Handelt es sich hierbei um das legendäre „Schwert“?

Vergleichen Sie die beiden vorangegangenen Skizzen auch mit den „Broschen" auf S. 36 und 37:

Die durch Edelsteine hervorgehobenen Positionen der Steine dürften den beiden breiteren Steinen im Zirkel entsprechen, die ich als Reflektoren bezeichnet habe. Das schwertartige Gebilde markiert die Richtung, in der man „mit der Kraft" den Kreis und seine Umgebung verlassen soll, um sie mit dem eigenen Körper – oder mit einem Medium bzw. in einer Prozession – wegzutragen!

Kompaß

Der Kompaß ist kaum in der Lage, zur Aufklärung von Steinkreiswirkungen beizutragen. In unserem Fall diente er lediglich dazu, die Ausrichtung auf eine Nord-Süd-Achse und eine West-Ost- Linie der Kreise zu bestätigen.

Radiästhetische Untersuchung

Die Untersuchung mit radiästhetischen Instrumenten[1] machte sichtbar, daß sich im Umkreis von 25 Metern, gerechnet vom Mittelpunkt des Steinrings, abwechselnd ringförmige, je etwa einen Meter breite Plus- bzw. Minus-Zonen befinden. Intensität und Polung schwanken in Abhängigkeit von der Tageszeit sowie nach einem überall anzutreffenden Rhythmus von etwa sieben Stunden. Auch die Möglichkeit einer jahreszeitlichen Schwankung wurde in Betracht gezogen; sie ließe sich jedoch nur durch ganzjährige Feldforschung vor Ort systematisch überprüfen.

Ergebnisse auf einen Blick

- Die Steinkreise sind nicht kreisrund, sondern abgeflacht.
- Die Steine sind nicht alle gleich groß oder gleich breit.
- Die Steine sind auf die Achsen Nord–Süd und Ost–West ausgerichtet.
- Die Steine dienten auch zur astronomischen Beobachtung und Festlegung der wiederkehrenden Punkte eines Jahres.
- Radiästhetisch lassen sich außerhalb der Kreise ringförmige Zonen bis zu 25 Metern von der Mitte der Kreise entfernt nachweisen.

---

[1] Vgl. Erläuterungen im Anhang.

Vom keltischen Steinkreis zur Kirche Christi

Die oben skizzierten keltischen Bauprinzipien wurden offenbar auch in christlichen Kirchen verwirklicht. Insbesondere Wallfahrtsorte ähneln in dieser Hinsicht, wie wir sehen werden, den Anlagen in Irland, auch wenn man die Analogien nicht auf den ersten Blick erkennt.

In Irland finden wir die bedeutenderen Steinkreise überwiegend auf Hügeln nahe dem Wasser – dies allerdings fast zwangsläufig, da Meer und Regen für Allgegenwärtigkeit des nassen Elementes sorgen.

Hinzu kommt jedoch noch ein Aspekt, den man nicht übersehen sollte: der Wind. Welchen Effekt fließendes Wasser auf den Erdmagnetismus eines Landstrichs hat, läßt sich derzeit nicht sagen; ebensowenig, welche Wirkungen durch Wind erzeugt werden können, der ständig über und durch die gesetzten Steine streicht. Wir dürfen jedoch annehmen, daß die energetisierende Wirkung enorm ist.

Gemäß der Typisierung, die ich im zweiten Teil dieses Buches vorstellen werde, entsprechen die keltischen Steinkreise Typ A: Bauwerk auf einem Berg. In Deutschland aufzufindende Beispiele, die auch in diesem Buch aufgeführt werden, sind Annaberg oder Burg Hohenzollern bei Hechingen. Auch der Kyffhäuser in Thüringen und Schloß Neuschwanstein entsprechen diesem Typ A.

Keltische Rundhäuser

Zwischen dem einfachen Steinkreis und der Raffinesse von Neuschwanstein mag eine gewaltige architektonische Kluft liegen, doch vom Steinzirkel zu den Rundhäusern der Kelten war es nur ein einziger gedanklicher Schritt: Das Rundhaus entstand wohl schlicht dadurch, daß man die ringsum gesetzten Steine oben mit einer Dachkonstruktion verschloß.

Anfänglich mag der so entstandene Raum nur als Allwetterkultraum der Sippe gedient haben, die sich schließlich nicht im warmen Italien, in Griechenland oder Spanien, sondern in einer

Gegend mit oftmals rauhem Klima befand. Natürlich konnte man Kultanrufungen nicht vom Wetter abhängig machen, also bei Sturm und Regen schlicht ausfallen lassen: Niemand hätte akzeptiert, daß man sich etwa im Herbst oder im Winter nicht mit der Kraft der Erde auftanken konnte. Versah man aber die Steinkreise mit einem Dach, so war man von den Unbilden des Wetters deutlich weniger abhängig.

Jedem, der Wirkungen der Steinkreise vor Ort studieren möchte, kann ich nur empfehlen, dies in Irland zu tun. Fast in jedem größeren Dorf gibt es dort einen mehr oder weniger gut erhaltenen Steinkreis. Dort erkennt man auch, daß der Steinkreis ehedem ein Bestandteil des täglichen Lebens der Kelten war.

Wollte man einen Steinkreis überdachen, so wurde in der Mitte wohl ein dicker Baumstamm aufgerichtet. Diesen verband man durch weitere, dünnere Baumstämme sternförmig mit den Steinen, worauf die Konstruktion durch Sparren stabilisiert, durch weiteres Material abgedichtet wurde und so weiter.

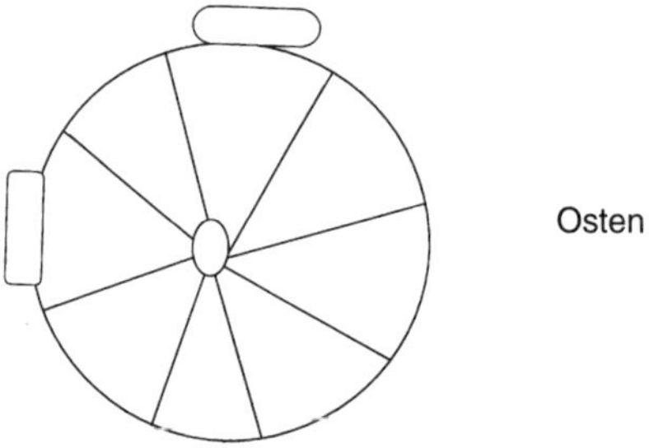

Vom Steinkreis zur Rundhütte

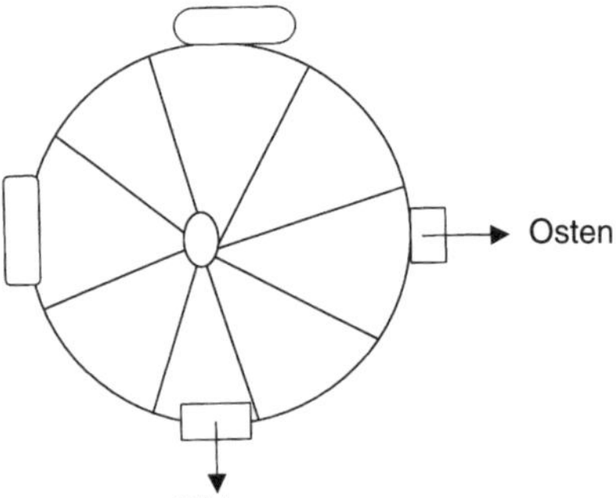

Ohne daß dies festgelegt werden mußte, bildeten die Öffnungen in Richtung Osten und Süden Zugänge zu diesem überdachten Rundbau

Das Stonehenge der Christenheit

Machen wir nun einen Sprung in der Geschichte Europas: Die Kelten und Wikinger wurden von den Christen missioniert, und die ersten kirchlichen Bauwerke entstanden. Überall dort, wo die Christen Steinkreise als Kultplätze übernahmen, wurden mit den Jahrhunderten Kirchen errichtet, die ebenso auf dem Prinzip der Nutzung von Kräften der Erde basierten. Denn diese Kräfte sind immer da, gleichgültig, ob Druiden, Bischöfe oder Priester anderer Glaubensrichtungen sie einfangen und über ihre Gemeinden ausgießen.

Folgerichtig können wir solche Rundbauten noch heute im christlichen Kulturkreis identifizieren. Hier einige prominente Beispiele:

- die Geburtskirche in Bethlehem,
- der Felsendom in Jerusalem,
- die Pfalzkirche Karls des Großen in Aachen,
- der Petersdom in Rom.

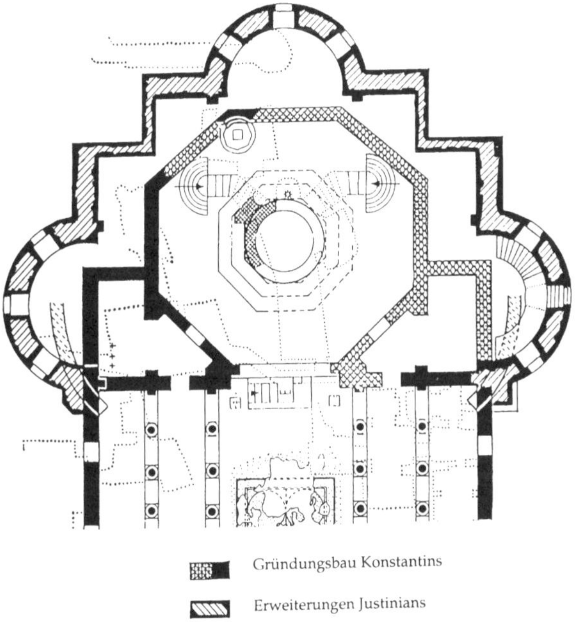

Grundriß der Geburtskirche in Bethlehem

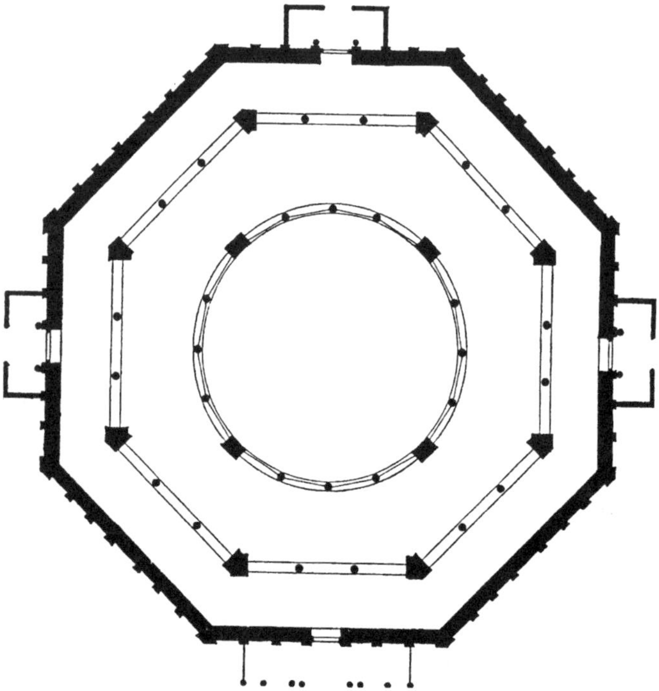

Grundriß des Felsendoms in Jerusalem

Hinsichtlich ihrer Größe, Bedeutung und der dort erzielten energetischen Wirkungen entsprechen diese Gebäude den keltischen Monumenten Stonehenge in England oder Carnac in der Bretagne.

An- und Umbauten verschleiern das Grundprinzip

Zum skizzierten Kultgebäude-Typus gehören meist auch kleinere Anlagen in der Umgebung, so etwa im Baptisterium in Florenz, das die wissenden Medicis vor den Dom stellten, oder in den Gnadenkapellen in Altötting und Kevelaer.

Überhaupt wurden besonders heilige Orte der Christen meist in Rundbauten gefaßt. Um diese herum pflegten die nachfolgenden Generationen allerdings prächtige Nebengebäude zu errichten – Bauwerke, die heute unseren Blick auf den eigentli-

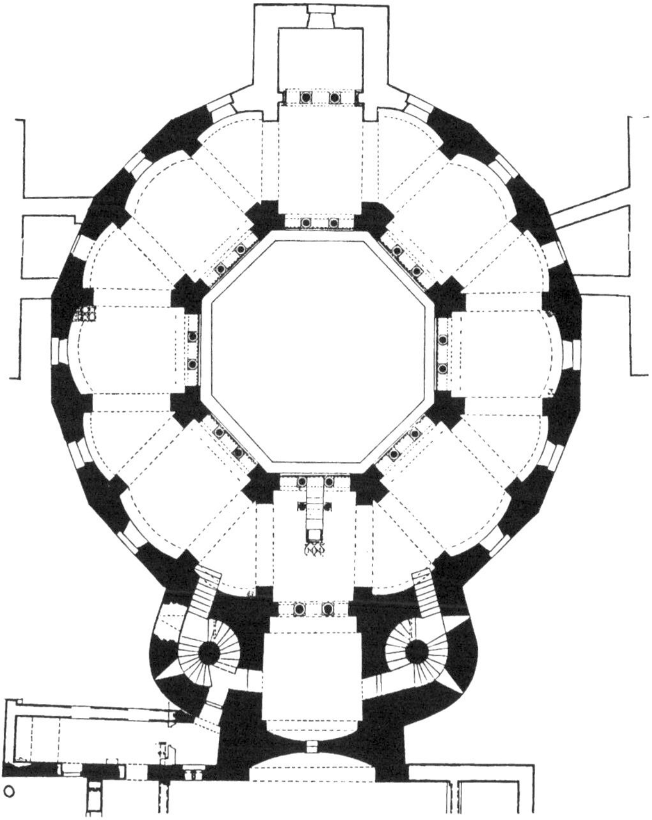

Grundriß der Pfalzkirche Karls des Großen

chen Kernbau verstellen. So ist das keltische Urprinzip des überdachten Steinkreises nicht mehr sogleich zu erkennen. Aus den Steinen wurden die Säulen, die in verschiedenen architektonischen Epochen – etwa während der gotischen Periode – immer höher in den Himmel wuchsen, bis sie sich in Nutzlosigkeit verloren: schön fürs Auge, doch hinsichtlich der energetischen Effekte nutzlos.

Auch die heute vorherrschenden rechteckigen Kirchen verschleiern das zugrunde liegende Prinzip des keltischen Rundbaus. Auf den rechteckigen Grundriß dürften sich die Kirchen-

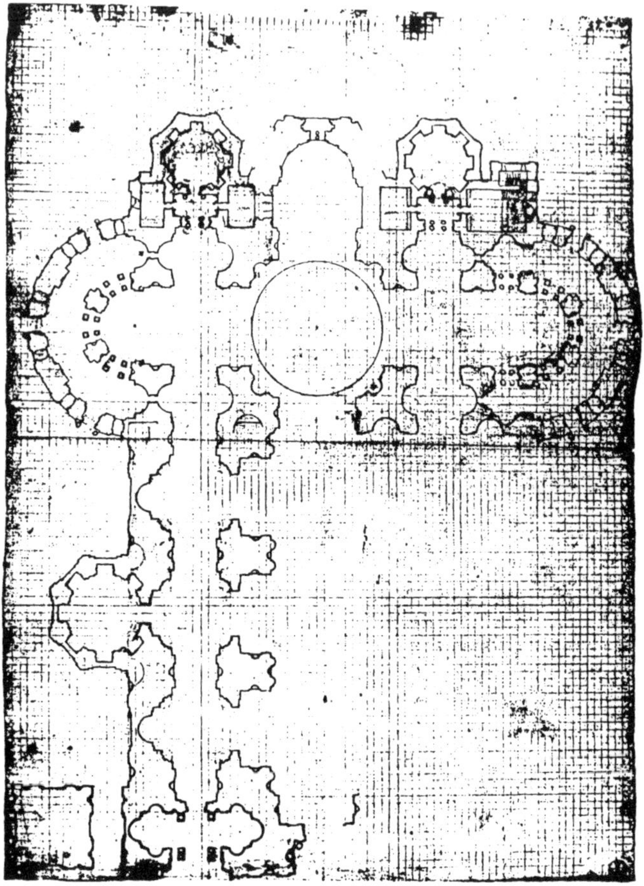

Grundriß des Petersdoms in Rom
(Entwurf von Antonio da Sagallo d. J., um 1514)

baumeister verlegt haben, damit in einem Gebäude, das einen kleinen Steinkreis umschloß, mehr Menschen Platz fanden.

Im Süden Europas mag sich die rechteckige Kirchenform von den Basiliken der römischen Zeit ableiten, jenen öffentlichen Gebäuden, in denen Markt veranstaltet oder zu Gericht gesessen wurde. Die Stämme des Nordens aber wurden nicht durch einen Staatsstreich christianisiert; vielmehr mußten missionierende Mönche das Christentum dort mit sanfter Gewalt,

List und Kompromissen den Kelten aufzwingen, damit diese ihrem Druidentum abschworen.

Christianisierung der keltischen Rundhütte

Hinsichtlich Nordeuropas wäre es also verfehlt, kirchliche Grundrisse von römischen Profanbauten abzuleiten. Vielmehr wurde hier meist die keltische Rundhütte schlicht überbaut. Wie die folgende Abbildung zeigt, genügen wenige gezielte Veränderungen, um vom einstigen keltischen Kultbau zur räumlichen Innenordnung heutiger Kirchen zu gelangen:

- Die Steinreflektoren wurden zu Altären, also zu Orten mit Zusatzfunktion.
- Das Dach der Rundhütte wurde zur Kuppel.
- Die Sitzbankreihen sind die Überreste der konzentrischen Kreise um den Mittelpunkt der keltischen Steinzirkel.

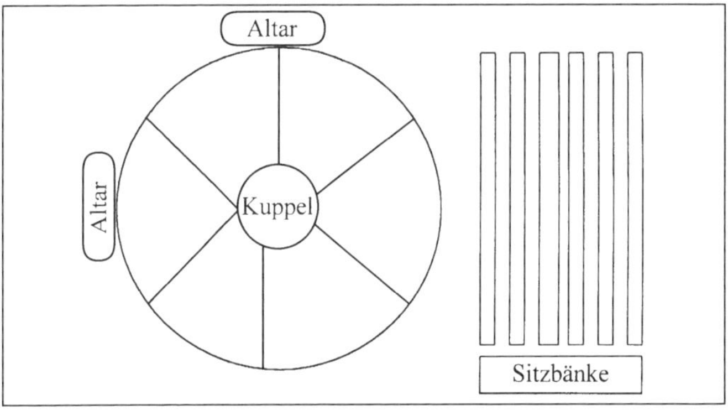

Christianisierung der keltischen Rundhütte

Das Vermächtnis der Pharaonen

Was erbten die Griechen?

Einiges deutet darauf hin, daß etwa zeitgleich mit den Kelten im Westen Europas auch die Griechen in das Geheimnis der Kräfte, die aus der Erde emporsteigen, eingewiesen wurden. Wie die Kelten zu ihrem Wissen gelangten, wissen wir nicht; dagegen brachten die Griechen, wie oben bereits angedeutet, diese Kenntnisse aus Ägypten mit, um sie in ihrem Land konsequent bei allen Tempelbauten und Orakelanlagen in die Praxis umzusetzen.

Orte mit „heiligen Orakeln" zur Zwiesprache mit den Göttern entstanden nicht nur in Delphi oder auf dem Olymp. Auch die Heilzentren – etwa in Epidaurus – sind so professionell angelegt, wie wir dies heute für Wallfahrtsorte in Deutschland, Österreich oder der Schweiz nachweisen können. Von vielen in Epidaurus erhalten gebliebenen Statuen heißt es, daß sie seinerzeit dazu dienten, griechische Ärzte auszubilden. Können diese Marmorfiguren nicht auch die Positionen innerhalb der Anlage markiert haben, an denen mittels Erdkräften die jeweils dargestellte Krankheit behandelt wurde?

Gemäß der hier entwickelten Typologie (siehe Teil II) entsprechen die griechischen *Verehrungstempel* unserem *Typ A: Tempelanlage auf dem höchsten Punkt der Stadt.* Beispiel: Der Pantheon in Athen.

Die *Tempel der Heilung* – etwa in Epidaurus – entsprechen *Typ B1: Bauwerk am Berghang.* Deutsche Beispiele für diesen Typ sind Marienthal bei Rüdesheim, Abbach und Ottobeuren.

Im übrigen arbeiteten die Griechen weniger mit großen Steinen als mit Säulen, die ihrer Ästhetik eher entsprachen. Bei dieser Bauweise erreichten sie eine wohl weltweit einmalige Perfektion. Auch bei ihnen finden wir sowohl runde als auch rechteckige Tempel.

Was erbten die Israeliten?

Nicht nur Griechen und Kelten scheinen von den Wirkungen, die aus der Erde kommen, gewußt zu haben. Während des Niedergangs Altägyptens – mehrere Jahrhunderte, bevor die Griechen an den Nil kamen – verließen bekanntlich viele Ägypter ihr Land. Sie nannten sich Israeliten, und bei ihrem Auszug unter ihrem Anführer Moses dürften etliche Auswanderer ihr Wissen hinsichtlich der Erdenergien über die Landesgrenzen mitgenommen haben.

Wenn man über ein geeignetes Instrument verfügt, ist es nicht schwierig, die lokalen Besonderheiten und die Stellen mit besonders günstigen Effekten auszumessen und zu markieren. Solange das Know-how überliefert wurde, konnten somit nachfolgende Generationen an jedem beliebigen Ort, an dem sie sich aufhielten, die Orte der Kraft ermitteln. Und tatsächlich war Moses, der mindestens 600 Jahre vor der ägyptischen Endzeit lebte, zufolge den heiligen Schriften ein ägyptischer Insider des Wissens – man denke nur an den Bericht in der Bibel über seinen Disput mit den Hohenpriestern des Landes.

Bisher hat kaum jemand darüber nachgedacht, ob und wie Moses in seinen fünf Büchern vom Wissen um die Orte mit Erdkräften berichtet.[1] Dabei kann man mit geschultem Blick unschwer erkennen, daß in den Büchern Moses von solchen Plätzen berichtet wird: Ausweislich dieser Quelle eignen sie sich nicht nur zum Krafttanken, sondern erlauben dem Eingeweihten – falls er genügend vorbereitet ist – überdies, sich in andere Welten und Dimensionen zu erheben bzw. mit diesen zu kommunizieren.

Tatsächlich nennt die Bibel Beispiele für Plätze, an denen wegen oder nach einer solchen Zwiesprache mit höheren Wesenheiten Altäre oder Bauwerke errichtet wurden. Leider enthält uns die Heilige Schrift der Christen jedoch die Details vor, aus denen zu schließen wäre, warum gerade dort ein Ereignis stattfand, das mit den Normen der Dimension, in der wir leben, nicht in Einklang zu bringen ist.

Abraham

Denken wir in diesem Zusammenhang an Abraham. So erzählt das 1. Buch Moses, Kapitel 12, Vers 7, von einer Offenbarung, die Abraham in Sichem, an der „Eiche des Orakelspenders“, er-

[1] Hierbei geht es nicht um die Frage, ob er die Bücher selbst geschrieben hat oder nicht.

lebt: Dort widerfährt dem Urvater eine erste Gotteserscheinung. Die Autoren der Bibel hielten es für wichtig zu überliefern, wie Abraham reagierte:

1. Abraham errichtete an der Eiche in Sichem einen Altar. Dieses Verhalten leuchtet ein; es ist auch in unserer Zeit noch üblich – etwa in Fatima oder Lourdes, wo gleichfalls Altäre errichtet werden, nachdem Kinder dort Marienerscheinungen erlebt haben. Wir dürfen also folgern, daß auch Abraham den Ort seiner Begegnung mit seinem Gott zu einer Kultstätte ausbaute. Nur die allgemeine Scheu vor dem Wirken dieses Erzahns hat bisher verhindert, daß ein Vergleich mit Fatima und Lourdes gezogen wurde. Somit ist anzunehmen, daß auch Abraham seinerzeit ein Wallfahrtsziel begründete, zu dem die Menschen seiner Zeit pilgerten und das heute verschollen ist.
2. Die Erklärung, daß sich der Ort „an der Eiche des Orakelspenders“ befand, läßt vermuten, daß sich dort schon vorher „Ungewöhnliches“ ereignet hatte.

Die Bibel beschreibt überdies, daß Abraham weitere göttliche Offenbarungen erfuhr, und zwar

3. am Berge nahe Beth-El (Mos.1.12.8)
4. im Hain Mamre (Mos.1.13.18) und
5. auf Morijah (Mos.1.22.9).

Ebenso empfing sein Sohn Isaak bei Beer-Seeba (Mos. 1.26.25) in der Nacht eine „göttliche Kundgabe“ und erbaute, so der Text in der Bibel, zum Gedächtnis einen Altar, an dem er den Gottesnamen feierlich ausrief.

Jakob

Auch Jakobs Vision von der Himmelsleiter hatte die Stiftung einer Kultstätte zur Folge. Das gleiche geschah in Sichem (Mos.1.33.20) und in Beth-El (Mos 1.35.7), wo er Kultstätten errichtete, möglicherweise auch vorhandene erneuerte oder verbesserte.

Halten wir fest: Das Besondere an diesen Berichten ist, daß

- Orte und Tageszeiten genannt werden,
- die beschriebenen Wirkungen meist nicht auf einen einzigen Menschen beschränkt sind.

Mangels detaillierter Schilderungen lassen sich die Plätze, die in der Bibel beschrieben werden, in unserer Typologie leider nicht zuordnen. Fest steht allerdings, daß der Tempel Salomon an einem Platz gebaut wurde, der unserem *Typ A – Bauwerk auf einem Berg* – entspräche.

Kanaan

Nach ihrer langjährigen Wanderschaft in Palästina übernahmen die Israeliten die Kultstätten der Kanaaniter – dies mit Sicherheit nicht, weil sie nun die Götter der Ureinwohner verehren wollten, sondern einfach deshalb, weil diese Orte es erwiesenermaßen „in sich" hatten. So weit lag Ägypten von Kanaan nicht entfernt, daß man da nicht von dem Geheimwissen ein wenig abbekommen hätte. Als neue Herrscher über Kanaan brauchten die Israeliten also nicht nach Kraftstätten zu suchen, sondern nur – wie lange nach ihnen die christlichen Missionare – die Verehrungsziele neu zu etikettieren.

Dieses zielsichere Handeln der biblischen Erzväter läßt nur einen Schluß zu: Offenbar war ihnen – aus welchen Quellen auch immer – die besondere Bedeutung der Wirkungsfelder lokaler Strahlungsphänomene bekannt. Nicht anders als alle anderen Eingeweihten nach ihnen markierten sie die Orte für die Nachwelt. Ob sie bereits wußten, daß sich jedes Lebewesen in einem Wirkungsfeld lokaler Strahlungsphänomene bewegt, die keineswegs homogen verteilt sind, läßt sich heute noch nicht schlüssig beantworten. Tatsächlich aber scheint nicht das homogene Wirkungsfeld, sondern die erhebliche Inhomogenität lokaler Strahlung die besondere Effekte am lebenden Organismus hervorzubringen – heute wie vor Tausenden von Jahren.

Was erbten die Römer?

Einen großen Teil „ihrer" Kultur bezogen die Römer aus Griechenland. Zur Weltmacht aufgestiegen, besuchten die Mächtigsten des römischen Reichs Ägypten. In heutige Romane aus jener Zeit sind jedoch meist nur Liebesgeschichten eingegangen, die von Romanzen der ägyptischen Kleopatra mit den römischen Herrschern handeln.

Zweierlei wird in diesem Zusammenhang oftmals übersehen. Zum einen: Jene Kleopatra, deren Liebeshändel mit Cäsar uns überliefert sind, war keine Ägypterin, sondern entstammte einer Dynastie, deren Vorfahren aus Griechenland kamen; *Ptolemäer* heißt in der ägyptischen Sprache „Grieche“. Und zum andern: Kleopatra war weniger ein Eigenname als der Name der Oberpriesterin im Tempel der Hathor in Denderra. Dieser Tempel war nicht nur eine Verehrungsstätte, sondern auch eine Art Universität mit Observatorium, medizinischen, landwirtschaftlichen und chemischen Fakultäten. Die jeweilige Rektorin der Ausbildungsstätte hieß also Kleopatra, und der vollständige Name von Cäsars Geliebter lautet Kleopatra VII., was gerne übersehen wird. Ihre eigentliche Macht beruhte darauf, daß sie Reste des ägyptischen Wissens besaß, welches durch mehr als 3000-jährige systematische Naturbeobachtung gewonnen worden war.

Was aber, wird sich mancher Leser fragen, hat Kleopatra VII. mit der Kraft der Erde zu tun? Eine ganze Menge, und dieser Zusammenhang läßt sich über die Obelisken herstellen.

Zweifellos wurden diese „steinernen Nadeln“ in Ägypten erfunden. Man errichtete sie an geomantisch sensiblen Punkten in der Nähe eines Altarsteins und praktizierte mit ihnen eine Art Akupunktur der Erdkräfte: Die alten Ägypter zogen geomagnetische Erdkraft ab und nutzten die Wirkungen auf vielfältige Weise. Und wie radiästhetische Untersuchungen durch mehrere Rutengänger ergaben, wurden in Rom alle bedeutsamen Gebäude des Altertums und alle altrömischen Staatseinrichtungen auf geomantisch wirksamen Zonen erbaut. Hierfür gibt es nur eine einzige Erklärung: Die Römer waren in das betreffende Wissen um die Kräfte der Erde eingeweiht.

Das Pantheon gehört in diesem Zusammenhang zu den interessantesten Bauwerken in Rom. Ursprünglich war es als Einweihungs- und Schlußprüfungsstätte für Priesterinnen und Priester gebaut worden. Hinsichtlich der dort wirksamen Erdkräfte ist es der mächtigen Stätte ebenbürtig, auf der sich heute die Kathedrale von Chartres erhebt.

Die Römer waren schon sehr früh mit dem griechischen Wissen um die Kräfte der Erde vertraut. Das könnte möglicherweise auch erklären, warum sie ihre Tempel bevorzugt auf Hügel, Bergspitzen und an Berghänge bauten und ihre Straßen in den äußeren Provinzen so anlegten, daß in Richtung Feindesland marschierende römische Legionäre beflügelt, ermutigt, ja geradezu high gemacht wurden, während in Gegenrichtung marschierende Feinde von Furcht, Mutlosigkeit und vor allem von rascher Ermüdung befallen wurden.

Wer die Kunst der radiästhetischen Praxis nur ein wenig beherrscht, bewegt sich in jedem ehemaligen Römerlager wie in einer Modellanlage für Radiästhesisten. Rom selbst wurde bekanntlich an einem Platz gegründet, der von sieben Hügeln umgeben war – einem Ort also, an dem die Kelten einen Cromlech errichtet hätten. Vielleicht hatten die Urbewohner dies auf dem Landstrich des heutigen Rom wirklich getan und so den Mittelpunkt ihres „Reiches“ markiert.

Die mehr als zwanzig Obelisken aus Ägypten, die noch heute in Rom zu finden sind, waren damals sicherlich nicht nur Beutestücke, welche die Eroberer zur Feier ihres Sieges aufstellten. Vielmehr dienten sie den Römern als Instrumente, deren Bedeutung wir Heutigen erst wieder erlernen müssen. Der weltberühmte Obelisk allerdings, der den Petersplatz ziert, wurde dort lediglich nach Gesichtspunkten der Dekoration errichtet, so daß im Zentrum des Vatikans keine Erdkräfte wirksam werden.

Profane Nutzung der Orte der Kraft

In diesem Buch geht es mir hauptsächlich darum, die Regeln und Hintergründe aufzuzeigen, aufgrund derer die Baumeister unserer mitteleuropäischen Kirchen um 700 bis 1200 n. Chr. diese Bauwerke so planten und verwirklichten, wie wir die Anlagen noch heute vorfinden. Um diese verborgenen Absichten zu rekonstruieren, müssen wir natürlich versuchen, uns sämtliche Umbauten wegzudenken, die durch Modernisierung oder Wiederaufbau nach Brand und Plünderungen vorgenommen wurden.

Auch wenn die damaligen Eingeweihten annahmen, daß die Erde eine im Kosmos schwebende Scheibe sei, wußten bereits sie um die physikalischen Kräfte, die unterschiedlich intensiv an verschiedenen Orten auf-, aus- und eintreten können. Offensichtlich wurde dieses Wissen um die erste christliche Jahrtausendwende auch für nichtkultische Anlagen genutzt. Damit nicht der Eindruck entsteht, daß lediglich die damaligen Kirchenerbauer in diese Richtung dachten, stelle ich hier in aller Kürze einige diesbezügliche Berichte vor. Derzeit vermögen, wie gesagt, allein die Radiästhesisten mit Hilfe ihrer Instrumente diese Erdwirkungen zu messen, weshalb wir uns bei den folgenden Berichten auf diese Fachliteratur beschränken müssen.

Militärische Nutzung

Vor zweitausend Jahren war es geradezu eine Überlebensregel, daß man alle erdenklichen Vorkehrungen traf, um bei Streitigkeiten mit benachbarten Sippen nicht zu unterliegen oder, schlimmer noch, von einfallenden Feinden massakriert zu werden. Zweifellos haben sich die Menschen damals nicht allein auf das „magische" Know-how der Priester ihrer Gruppe verlassen, sondern ebenso auf körperliche Stärke und persönliches Geschick im Umgang mit Waffen gesetzt. Kein Wunder also, daß sich die alteuropäischen Siedler das geomantische Wissen auch zu militärischen Zwecken nutzbar machten. Das gilt insbesondere für die Kelten, von deren Kraftorten und energetischen Ritualen wir oben bereits erfahren haben.

Keltenschanzen

Wie der Radiästhesist P. Reiser[1] berichtet, liegen sämtliche Steinwälle der von ihm untersuchten Keltenschanzen über radiästhetischen „Reizstreifen“[2]; innerhalb der Wälle konnte er zahlreiche Kreuzungspunkte solcher Zonen registrieren.

Falls diese Beobachtungen zutreffen (wovon ich überzeugt bin), stellt sich natürlich die Frage, was die Erbauer der Anlagen bezweckten. Möglicherweise wollten sie etwaige Belagerer oder Angreifer zwingen, sich in einer geomantischen Strahlungszone aufzustellen, in der sie immer müder und mutloser wurden. Je länger sie sich in diesem Bereich vor den Schanzen aufhielten, desto besser für die Verteidiger.

Umgekehrt versuchten die Erbauer der Befestigung, im Inneren der Anlage sogenannte „aufladende Punkte“ zu markieren, aggressiv machende Zonen, in denen sich die meisten Verteidiger in den Kampfpausen aufhalten konnten.

Römische Militärlager

Ein weiterer Experte für geomantische Phänomene, R. Ottel[3], stellt in seinen Untersuchungen fest, daß im Bereich der römischen Militärlager Vindobona und Carnuntum verblüffende Beziehungen zwischen Straßenzügen und Häusern einerseits, bestimmten Reaktionsstreifen und Netzsystemen andererseits festzustellen waren.

Das Prinzip ist überall dasselbe:

- Ruhezonen für die Soldaten, damit sie tief und fest schlafen können,
- Aufputschzonen in den Aufenthalts- und Versammlungsbereichen, damit sie aggressiv und mutig bleiben,
- Gefangenenlager und Hinrichtungsstätten an Plätzen der totalen Abladung, damit sich die Betreffenden mut- und kraftlos in ihr Schicksal ergeben.

---

1 P. Reiser: Keltenschanzen – Kultschanzen? (Keltenschanzen auf Reizstreifen?) In: Zeitschrift für Radiästhesie, 15. Jg., 1961, Heft 2/3, München

2 Vgl. im Anhang dieses Buches die Erläuterungen zu den Stichwörtern „leys“ und „geodätische Linien“.

3 R. Ottel: Baubiologische Standortfaktoren. In: Deutsche Bauzeitung Nr. 4/1980, S. 569 ff.

Aus solchen Untersuchungen kann man Rückschlüsse auf die damals praktizierte „Lehre“ und das seinerzeitige Wissen um die Geomantie ziehen. Stößt man an verschiedenen Orten auf Parallelen, so hat man eine Gesetzmäßigkeit identifiziert.

Grenzfestlegung, Wege und Straßen

Bemerkenswert sind auch die Erkenntnisse eines weiteren Radiästhesisten: Laut C. Beichl[1] verlaufen alte Wege und Straßen, ja sogar die Grenzlinien zwischen zwei Gütern häufig entlang unterirdischer Wasserzonen.

Eine naheliegende Erklärung für solche Weg- und Straßenführung: Hierdurch wollte man wohl verhindern, daß Reisende über die Mühsal damaligen Reisens hinaus erschöpft wurden, indem sie längs ermüdender Linien fahren, wandern oder reiten mußten.

Warum aber wurden „negative Zonen“ auch zu Grenzlinien gemacht? Wußten die Eigentümer der Besitzungen beiderseits einer solchen Grenze von den Wirkungen der geomantischen Zonen, so schlossen sie notgedrungen einen Kompromiß und „teilten“ die betreffenden Zonen, wodurch diese eben zu Grenzlinien wurden.

Nutzung bei Kulthandlungen

Wie W. Ch. Simonis[2] schildert, findet sich im Bereich älterer Kultstätten immer dort, wo die Kulthandlung vollzogen wurde – dort also, wo die Priester sowie Altar oder Götterstatue standen – regelmäßig eine exakte Kreuzung sogenannter Reizstreifen.

1935 stellte der Engländer R. Boothby[3] durch eigene Untersuchungen fest, daß alle Steingräber und andere prähistorische Anlagen von Untergrundströmen gekreuzt werden und jedes Langgrab einen Untergrundstrom aufweist, der in der vollen Längsrichtung verläuft.

---

[1] C. Beichl: Prähistorische Pfade – eigenartige Bahnstraßen. In: Österreichischer Verband für Ruten- und Pendelkunde, Wien, September 1973

[2] W. Ch. Simonis: Erde, Mensch und Krankheit. Stuttgart 1974

[3] R. Boothby: The Religion of the Stone Age. In: Journal of the British Society of Dowsers, Vol. 2 (1935) S. 115

Einige Jahre später berichtete R.A. Smith[1], daß im Zentrum jeder prähistorischen Kultstätte ein Punkt existiere, vom dem aus sich etliche Untergrundströmen zu einer ausstrahlenden Form vereinten. Er nannte diese Punkte „Blind Springs“[2].

In den Jahren 1933 und 1935 berichteten die Forscher überdies, daß die von ihnen untersuchten prähistorischen Begräbnisstätten – einschließlich der einfachsten Steinbauten – von Untergrundströmen umgeben seien. Schon damals fiel ihnen auf, daß auch die Steinalleen in Carnac (Bretagne) nach parallel zueinander verlaufenden Untergrundströmen ausgerichtet sind.

Keltische Kultstätten wiesen demnach einen Bezug zu gewissen Bodenausstrahlungen auf, die zum Teil durch künstliche, elektromagnetisch wirkende Einbauten charakterisiert sind. Beispielsweise sei es typisch für keltische Opferplätze, daß die spezifische Bodenausstrahlung entsprechend dem umlaufenden Grundwasser durch ringförmige, nach Süden offene Einbauten von ferromagnetischem Material unterstrichen werde.

R. Endrös[3] verweist auf eine Reihe von Kirchen, die über keltischen Kultanlagen errichtet wurden, darunter San Vitale in Ravenna, die Kathedrale von Chartres oder die Stiftskirche von St. Gallen.

Des weiteren läßt sich der Forschung entnehmen, daß an Wallfahrtsplätzen, die über keltischen Kultstätten errichtet wurden, häufig außergewöhnlich euphorische Gefühlslagen beobachtet bzw. erlebt würden – ein Effekt, den anscheinend bereits die keltischen Druiden durch die Wahl solcher Plätze für Kultstätten angestrebt hätten. Durch Messung der spontanen Mikrowellenausstrahlung der endokrinen Drüsen läßt sich dieses Phänomen heute auch als psychosomatischer Vorgang nachweisen.

Radiästhetische Erkenntnisse zu Steinkreisen

In seiner Dissertation stellt J. Purner fest, „daß prähistorische Steinkreise und christliche Kultbauten unterschiedliche Dominanzen bestimmter Zonen und wesensverschiedene Kreuzungstypen aufweisen. Kirchen wurden so ausgerichtet, daß sie im Bereich ihrer Achsen in einer oder mehreren Reaktionszonen zu liegen kamen. (...)

[1] R. Smith: Journal of the British Society of Dowsers, Vol. 3 (1939)

[2] Erläuterung dieses Begriffs im Anhang

[3] R. Endrös: Die Strahlung der Erde und ihre Wirkung auf das Leben. Remscheid 1978

Auch bei prähistorischen Steinsetzungen konnten radiästhetisch signifikante Reaktionsphänomene ermittelt werden, die deutliche Lagebeziehungen zur Anordnung der Anlagen aufweisen. Daraus muß geschlossen werden, daß auch für die Entstehung der vorchristlichen ‚heiligen Orte' bestimmte Konstellationen sinnlich nicht bzw. nicht direkt wahrnehmbarer Komponenten maßgebliche Voraussetzung und Kriterium waren.

Die Anordnung und Orientierung der Bauten scheint in Anlehnung an radiästhetisch ermittelbare natürliche Inhomogenitätsstrukturen erfolgt zu sein bzw. solche Reaktionslinien und Reaktionsliniensysteme dürften für die Ausrichtung von Kirchen, aber auch für die Anlage prähistorischer Steinsetzungen von wesentlicher Bedeutung gewesen sein."[1]

Menhire und Grabhügel

Unter Menhiren und Grabhügeln ziehen sich nach Pruners Feststellung jeweils mindestens zwei unterirdische Wasserläufe hin. Das stimmt mit den Untersuchungen englischer Kultstätten durch R.A. Smith überein, der – wie gesagt – genau im Mittelpunkt, jeweils einige Fuß vor dem Altarstein, eine „verborgene Quelle" („blind spring") fand, von der aus drei Ströme abfließen.

Lustschlösser und Hexenplätze

Endrös weist darauf hin, daß auch Lustschlösser und Hexenplätze mit typischen Strukturen der Bodenausstrahlung ausgezeichnet seien. Vielleicht ist der eine oder andere meiner Leser bei der Verbindung von Lustschlössern und Hexenplätzen aufgeschreckt. Jedoch wurden Lustpavillons und kleine Schlösser von damaligen Insidern bewußt auf Plätzen errichtet, welche die Euphorie steigerten – möglicherweise eine Antwort auf typische Motivations- und Vitalitätsprobleme alternder reicher Männer.

Und wie steht es mit den sogenannten Hexenplätzen?

In bildlichen Darstellungen wurden häufig Orgien auf Hexenplätzen gezeigt, Ausschweifungen also, die auch im engeren Sinn mit Sexualität zu tun haben. In unseren Landen haben sol-

[1] J. Purner: Radiästhetische Untersuchungen an Kirchen und Kultstätten. Dissertation Universität Innsbruck

che Dinge heutzutage einen negativen Anstrich, aber es gab bei allen Naturvölkern und auch hierzulande Perioden, in denen man zu bestimmten Jahreszeiten Fruchtbarkeitsrituale zelebrierte – allerdings sicher nicht im keltischen Heiligtum, sondern an besonderen, dafür geeigneten Orten, von denen einige bis heute als „Hexenplätze" bekannt sind.

Die Nutzung kirchlicher Heilkräfte durch Mönche, Macher, Missionare

Die älteste Theorie zu unserem Thema stammt wahrscheinlich von den französischen Archäologen C. Diot[1] und L. Merle[2]. Nach ihrer Ansicht könnte die Ausrichtung von religiösen Monumenten durch die Lage der Wasserzonen auf dem betreffenden Gelände bestimmt sein. Demnach dienten die Bauwerke dazu, die Wirkung gewisser ortsgebundener Kräfte zu verstärken. Nach Einschätzung der beiden Forscher kam es auf die Form, das Maß, die Proportionen und das Material an. Der Ort, an dem sich geophysikalische Kräfte konzentrierten, wurde mittels Götterstatue oder Heiligenbild markiert.

Kirchen

Kirchen mit tausend Jahre alter Vorgeschichte weisen verschiedenartige radiästhetisch signifikante Zonen bzw. deren Überlagerungen und Kreuzungen auf. Der Radiästhesist identifiziert diese als „positive Gesamtpolung" bzw. als „rechtsdrehende Gesamtpolarität", die überwiegend oder sogar ausschließlich vorhanden ist.

Innerhalb von Kirchen oder Kultstätten stellt der Radiästhesist außerdem fest, daß im Bereich des „heiligen Zentrums" komplizierte Kreuzungen und Durchdringungen von „positiven" Reaktionsphänomenen auftreten.

Achteckkirchen

R. Schneider[3] fand Beziehungen von Achteckkirchen[4] und frühromanischen Domen zu radiästhetischen Reaktionsstreifen. Er stellt fest, daß die Kelten sowie andere alte Kulturkreise von

---

[1] C. Diot: Les Sourciers et les Monuments Mégalithiques. 1935

[2] L. Merle: Radiesthésie et Préhistoire. 1933

[3] R. Schneider: Heilige Brunnen, Achteckkirchen, Zisterzienserklöster und ihre radiästhetischen Geheimnisse. Vortrag in Puchberg/Wels, 1979

[4] Wir finden solche Achteckkirchen beispielsweise in den Wallfahrtsorten Altötting und Kevelar, in Florenz, Bethlehem und Jerusalem.

den verschiedenen Standortqualitäten gewußt haben müssen: Ihm fiel auf, daß sie ihre Kultstätten offenbar planmäßig im Bereich signifikanter Zonen errichtet hatten. Verschiedene Netzsysteme sowie Wasserzonen sollen dabei eine wesentliche Rolle gespielt haben.

Endrös erklärt, daß er in allen von ihm untersuchten Bauten – von der Antike bis in die Barockzeit – Beziehungen zu unterirdischen Wasserläufen gefunden habe. Deren Einfluß auf das lokale Strahlungsmilieu lasse sich heute – in gewissem Rahmen – auch mit technischen Meßfühlern untersuchen.

Christliche Altäre

Nach Untersuchungen von Graves weisen christliche Altäre Positionen auf, die meist unverändert positiv bleiben. An anderen Stellen spricht er von Verbindungen zwischen „aktiven“ und „rezeptiven“ bzw. „sendenden“ und „empfangenden“ Anlagen.

Legenden und Sagen

In ganz Europa gibt es Legenden und Sagen zur Gründung von Kirchen und Kultstätten. In neuerer Zeit betrifft dies die Stätten Fatima und Lourdes sowie Bojourni im heutigen Kroatien.

Gründungslegenden

Das Grundmuster dieser Gründungslegenden sieht wie folgt aus:

- Unschuldigen Menschen, meist Kindern, erscheint ein Heiliger/eine Heilige bzw. die Muttergottes.
- Die Erscheinung sagt drohend oder warnend eine Katastrophe voraus, der man durch bestimmte Verhaltensweisen entgehen könne.
- Sie verspricht eine Belohnung für richtiges Verhalten: Frieden für das Land (die Region, die Erde) oder das Paradies nach dem Tod.

In der Folge wird dieses Muster von den Pilgern, die den neu gegründeten Ort des Wunders besuchen,

- *individualisiert:* Mit einem persönlichen Problem trifft man ein und verläßt den Ort mit der Verheißung von Wohlergehen für die Familie oder im Beruf, von Gesundung im Krankheitsfall oder Beruhigung des Gewissens nach psychischem Streß;

- manchmal auch *mißbraucht*, indem einzelne mittels der örtlichen „Wunderkraft“ einen Vorteil gegenüber anderen Menschen zu erzwingen versuchen.

Dieses Muster ist zweifellos weitaus älter als das Christentum. So mancher berühmte christliche Wallfahrtsort diente schon in vorchristlicher Zeit als Zentrum „heidnischer“ Kulte. Die vorchristliche Geschichte solcher Orte wird heutzutage meist verschwiegen. Was aber ist das Entscheidende an solchen Stätten der Kraft: die zeittypischen Symbole aus Holz, Stein oder anderem Material, die zur Ausschmückung und zur Verdeutlichung der örtlichen Effekte dienen, oder der Ort und seine Kräfte selbst?

Gott hat die Erde erschaffen. Dabei hat er seiner Schöpfung Gesetzmäßigkeiten auferlegt, die wir als Naturgesetze erkennen oder umfassender zu entdecken beginnen. Die Kulturen mögen sich verändern oder vergehen – die Gesetzmäßigkeiten bleiben bestehen.

Erscheinungen

Abhängig von der individuellen seelischen Orientierung können laut Endrös über spezifischen Strukturen in der Bodenausstrahlung Erscheinungen auftreten, die gläubige Menschen dann vielfach als Wunder ansehen. So sind beispielsweise Orte mit Marienerscheinungen durch bestimmte Strahlungsanomalien gekennzeichnet. Menschen, die sich in einer extremen seelischen Verfassung befinden und folglich besonders sensibel für Grenzerfahrungen sind, erleben an solchen Orten, meist in ihrer größten seelischen Not, göttliche Fingerzeige. Diese werden zufolge der Überlieferung durch einen himmlischen Boten (Erzengel, Engel, Muttergottes) offenbart.

Aus früheren Zeiten sind zahlreiche Berichte von Menschen überliefert, die dank wundersamer Intervention aus lebensgefährlichen Situationen entkamen. Da heißt es dann beispielsweise:

„Die Kanonenkugel flog direkt auf mich zu … in diesem Augenblick erschien die Mutter Gottes und segnete mich … Mir passierte nichts …“

Oder:

„Beim Überqueren des Wassers wäre ich beinahe ertrunken, da erschien der Heilige, streckte mir die Hand entgegen – und ich war gerettet. Im Traum erschien er nochmals und wies mich an, dort, wo ich gerettet worden war, eine Kapelle zu bauen …"

Sehr häufig stößt man in der Literatur zur Gründung von Gnadenorten auf das Motiv der Rückkehr von Gnadenbildern, Statuen etc.:

Eine Kapelle wurde abgerissen, eine Kirche brannte ab, ein Bild oder eine Statue wurden von dem Stammplatz entfernt und irgendwo anders aufgestellt. Doch plötzlich erscheint der Heilige einem Gläubigen und verlangt, an seinen alten Standplatz zurückgebracht zu werden. Diese gebieterischen Visionen hören erst dann wieder auf, wenn das Verlangen erfüllt wurde und der Heilige wieder an seinem Ort steht bzw. dort ein sakraler Aufbewahrungsort gebaut wird.

Zufolge den Berichten wurden im Grunde alle Sinne, die sich zur Kommunikation mit der nichtkörperlichen Welt eignen, für solche Kontakte zu Heiligen benutzt.

Versucht man die Gründungslegenden zu hinterfragen, dann erkennt man rasch, daß just auf den Effekt, der an dem besagten Ort radiästhetisch meßbar ist, in der Gründungslegende mehr oder weniger versteckt hingewiesen wird:

- Orte, an denen man sich von Depressionen befreien soll, die einen nach dem Tod von Angehörigen oder gar (bei alten Menschen) angesichts des bevorstehenden eigenen Todes befallen haben, sind durch Szenen mit Himmelfahrt, Krönungen im Himmel, Auferstehung und so weiter charakterisiert;
- Orte, die der psychischen Beruhigung dienen, weisen Grablegungen, Trauerszenarien oder Bilder der Bestrafung von Sündern auf – Zeichen dessen, daß überdrehte Menschen sich an diesen Orten psychisch herunterbremsen können.

Für beide Wirkungstypen finden Sie im weiteren Verlauf dieses Buches zahlreiche Beispiele auch aus deutschen Landen. Überdies werden Sie anhand unserer Typologie nebst Checklisten lernen, wie Sie die betreffenden Anlagen auch in Ihrer Wohnumgebung auffinden und zur Steigerung Ihres Wohlbefindens nutzen können.

Erdkräfte und der Faktor Zeit

Wir nehmen es wie selbstverständlich hin, daß Wallfahrten an bestimmten Tagen im Jahr durchgeführt werden. Meist handelt es sich um ein Datum, an dem die katholische Kirche einen Heiligen feiert, weshalb man keinen weiteren Gedanken auf die Frage verschwendet, ob diese Tradition einen in Vergessenheit geratenen Hintergrund haben könnte.

Vermutlich wird dieser Terminplan nicht allein durch die Verehrung der Schutzheiligen an deren kirchlichen Festtagen diktiert. Vielmehr berücksichtigt er wohl auch die Tatsache, daß die Kräfte der Erde während des Jahres unterschiedlich intensive Effekte zeitigen. Der Pulsschlag, der durch die an Orte gebundenen Kräfte geht, scheint Gesetzen zu folgen, die mit dem Sonnenstand während des Jahres zu tun haben. Man hatte jahrhundertelang Zeit, diese Schwankungen zu beobachten – und der Wallfahrtskalender war ein so sicheres wie subtiles Mittel, um diese Erkenntnisse sowohl zu überliefern als auch vor unbefugten Blicken zu verbergen.

Überdies fällt auf, daß in den Wintermonaten kaum Wallfahrten vorgesehen waren. Warum nicht? Meiner Ansicht nach wurde diese Regelung mit Rücksicht auf die Beschwerlichkeit des Reisens und die Gefahr ernsthafter Erkrankungen in den kalten Monaten getroffen. Jeder Schnupfen, jeder Husten konnte in früheren Jahrhunderten zur Lungenentzündung führen, so daß selbst die kleinste Erkältung das Risiko einer tödlichen Krankheit in sich barg. Und schließlich pilgerte man, um gesund zu werden, und nicht etwa, um krank zu bleiben oder gar noch kränker zu werden.

Wichtiger als solche pragmatisch motivierte Steuerung der Pilgerströme ist jedoch die Tatsache, daß den Betern in den Klöstern feste Riten hinsichtlich ihrer Gebetsleistungen vorgegeben waren:

Hauptsächlich wurde (bzw. wird bis heute) bei Sonnenaufgang, zur Mittagszeit, bei Sonnenuntergang und zur Mitternacht gebetet. Das ist übrigens typisch für die Beter jedweden Glaubens, die sich in festen Gemeinschaften organisiert haben. Wir finden solche Gebetsrhythmen nicht nur bei den buddhistischen Mönchen, sondern auch bei islamischen Koranschulen, wobei

Mohammed für alle Gläubigen zu bestimmten Zeiten des Tages eine Vereinigung im Gebet vorgeschrieben hat.

In den Klöstern wurde auf das Mitternachtsgebet verzichtet und dafür ein leicht verändertes Schema der Gebetssequenzen eingeführt.

Gebetsnetze

Betrachtet man eine Karte – beispielsweise – des Benediktinerordens und verbindet die Klöster mit Linien, so erkennt man, daß diese ganz Europa mit einem Gebetsnetz verknüpft hatten. So bemerkt man

- einerseits Ost-West-Linien, auf denen berühmte Abteien zu finden sind, z.B.
  - Prag – Kloster Banz – Kloster Eberbach – St. Hubert – Fécamp am Ärmelkanal;
  - Michaelbeuren in Österreich – St. Ottilien – Ottobeuren – Beuron – Auxerre – Solemes – St. Gildas de Rhus an der Küste;
  - Venedig – Mailand – Chartreuse – Aubazine;
  - Florenz – Avignon – Toulouse.
- andererseits Nord-Süd-Linien,[1]
  - Subiaco – Fabriano – Salzburg – Metten;
  - Münsterschwarzach – Neresheim – St. Ottilien – Ettal – Stams – Monte Olivietto Maggiore;
  - sehr auffällig die Achse Meschede – Neuburg – Hirsau – Beuron – Einsiedeln – Disentis – Morimundo – Bobio – Genua.

Wenn man auf diese Weise eine Landkarte mit Linien überzieht, dann erkennt man (was vermutlich selbst den heutigen Benediktinern nicht mehr gegenwärtig ist) die heilige Struktur eines Gebetsnetzes.

Was sind Gebetsnetze?

In alten Zeiten gab es bekanntlich weder Funkuhren noch eine einheitliche Zeitregelung. In den Epochen, als viele Klöster neu

[1] Da Rom im Süden liegt, zähle ich Klöster, die auf einer solchen Achse liegen, von Süd nach Nord auf.

gegründet wurden, sah man beispielsweise Sonnenaufgang, Mittagshöchststand und Sonnenuntergang als Fixpunkte während des Tages an. Man benutzte Sonnenuhren, die eine lokale Zeit anzeigten.

Hierzu ein Beispiel:

Auf der Achse Prag – Zagreb – Süditalien ging die Sonne früher auf als auf der Linie Meschede – Einsiedeln – Genua. Folglich begannen die Mönche im Westen mit ihrem Morgengebet, wenn die anderen ihre Gebete fast schon beendet hatten. Und wenn die Mönche im äußersten Westen Portugals ihr Morgengebet beendet hatten, fing für die Mönche im äußersten Osten des Katholizismus schon das Mittagsgebet an.

Im Zuge der Reformation wurde dieses Gebetsnetz im Norden Europas zerstört. Durch die Säkularisation als Folge der Französischen Revolution wurde es in ganz Europa noch weiter durchlöchert. Doch die Idee einer ständigen, die Alte Welt umspannende Gebetsbrücke ist älter, als viele annehmen, und keine Erfindung von Buddhisten und Esoterikern heutiger Zeit. Nicht nur die Benediktiner, auch die anderen Orden nahmen das Handwerk des gleichgeschalteten Gedankens, der in Gebetsinhalten vorgegeben wurde, damals ernster als heute.

Was könnte strategisch dahinterstecken? Wenn man sich die Gründungsdaten der wie in einem Netzwerk positionierten Abteien ansieht, erkennt man, daß die Grundstruktur der „Kirchen mit Zusatzeffekt" in der Zeit zwischen 700 und 1200 angelegt und bis 1300 n. Chr. perfektioniert wurde. Demnach gab es in jener Zeit Wissende, die mit dem Phänomen der Bündelung von Gebetskraft vertraut waren und systematisch vorgingen. Durch den Bau von Anlagen für Gebetsgemeinschaften – also von Klöstern – positionierten sie die Gläubigen an jenen Orten, denen besondere Kräfte eigen sind.

Nach Gründung, Aufbau und Entwicklung der Klöster an diesen Orten konnte man im nächsten Schritt eine Technik etablieren, die den Gebetskraft-Pool noch zusätzlich füllte. Naheliegenderweise rief man hierfür die weltlichen Gläubigen regelmäßig zu gemeinsamem Gebet zusammen – im siebentägigen Rhythmus sowie zu zusätzlichem Beten an Feiertagen.

Von dieser einstigen gewaltigen Infrastruktur erkennen wir noch heute beträchtliche Überreste:

- ein Gebetsnetz, Westeuropa umfassend;
- zentrale Sammelorte für Gebete (Klöster, Dome etc.);
- Zubeter-Orte für Spezialisten (Einsiedeleien);
- Sammelorte für das Laiengebet (Kapellen, Dorfkirchen).

Es ist ein klares – wenngleich heute vergessenes – Konzept, das seinerzeit umgesetzt wurde und der Installation eines ständigen Gebetspools diente. Die Insider hatten nun noch für die Kanalisierung der angesammelten Gebetskraft zu sorgen und die Wirkung am Zielobjekt freizugeben.

Während ein Teil der so gebündelten Kraft auf „höhere Ziele“ gelenkt wurde, erhielten die Gläubigen in Form des Segens von der Energie etwas zurück. Besonders aber kam die Energie den körperlich und seelisch Kranken zugute – das war oder ist das große Geheimnis der kirchlichen Heilkraft im geistigen Sinne.

Daneben jedoch gab es die geheime Heilkraft der Kirchenbauten selbst. In erster Linie dienten die Bauwerke nicht dazu, das Auge zu erfreuen. Der Trend zu immer größeren und prächtigeren Kathedralen war eine Verirrung, darin begründet, daß sich die Reichen und Superreichen ein Grundstück im Himmel zu erkaufen, wenn nicht zu erschleichen versuchten. Dagegen waren die Kirchenbauten der Generationen in der Zeit zwischen 700 und 1200 n. Chr. mit hoher Wahrscheinlichkeit Teil jenes geheimen Konzeptes.

Kann man Gebetskraft verstärken?

Die Antwort lautet: ja. Tatsächlich geschieht dies nicht nur in der Christenheit, sondern in allen Weltreligionen, in denen gebetet wird.

Möglichkeiten der Verstärkung durch den Menschen:

- das gesungene Gebet (Kirchenlied),
- Rhythmisierung des Gebets,
- laufende Wiederholung des Gebets (Rosenkranz).

Möglichkeiten der mechanischen Verstärkung:

- Musikinstrumente,
- Bauwerke mit spezifischer Akustik.

Möglichkeiten der geophysikalischen Verstärkung:

- spezifische Anordnung der Bauwerke,
- spezifische Baumaterialien (Steine).

Letzteres wäre gleichzusetzen mit den Steinsetzungen in den Steinkreisen, durch welche die Kelten geomagnetische und geoelektrische Feinenergien zur Verstärkung der körpereigenen biomagnetischen und bioelektrischen Kräfte nutzten.

Wie die zielgerichtete Gesamtgebetspower durch die „Anführer" ausgelöst wurde, läßt sich heute nicht mehr mit Bestimmtheit sagen. Dieses Wissen scheint durch die Wirren in der Zeit nach den Kreuzzügen mehr und mehr verloren gegangen zu sein. Solche Techniken lassen sich jedoch rekonstruieren, wenn man die Lehre des „geistigen (gedanklichen) Bogenschießens", wie es im Fernen Osten praktiziert wird, zugrunde legt.

Gebetsdauer und „Bestrahlungsdosis"

Ein weiterer Zeitfaktor spielt gleichfalls eine Rolle: In katholischen Kirchen verordnet der Geistliche jeweils, wie lange sich ein Beter vor welcher Statue (Marienbild etc.) aufzuhalten hat.

Auch das Wissen um diese Zusammenhänge dürfte in den allermeisten Fällen verloren gegangen sein, obwohl ich den Verdacht habe, daß manch ein im Gebet alt gewordener Pater in seinem Herzen die Kenntnisse mit sich herumträgt, die ihn zu gezielter Verordnung befähigen würden: „Ein Ave Maria oder zehn Vaterunser vor dem heiligen Antonius ..."

Denn die Länge der angeordneten Gebete entspricht der Verweildauer an einem besonderen Platz in der Kirche. Dieser Ort wäre somit ein Ort der Kraft, der dem Beter und Büßer jeweils das vermittelt, was er entsprechend seiner seelischen Verfassung gerade braucht.

Teil II.
Checklisten zum Auffinden der Orte der Kraft

Vorbemerkung

Nach allem, was Sie im ersten Teil dieses Buches erfahren haben, sollten Sie sich nicht scheuen, wieder einmal eine Kirche oder Kapelle in Ihrer Nähe aufzusuchen. Wenn Sie sich vor möglichem Aufsehen fürchten, fahren Sie eben ein paar Orte weiter, wo niemand Sie kennt. Wenn Sie auf Geschäftsreise sind, legen Sie einfach eine kleine Pause ein: Schließlich können Sie sich statt auf einem Parkplatz am Waldrand auch in einer Kirche ausruhen. Nehmen Sie Platz, verweilen Sie etwa zwanzig Minuten und fahren dann weiter. Und wenn Sie nicht der Konfession angehören, welche die betreffende Kirche betreibt, was soll es – hinterlassen Sie einfach im Opferstock eine kleine Spende, Ihr Eintrittsgeld für Heizung und Reinigung.

Die folgenden Checklisten sind für die praktische Nutzung der hier niedergelegten Erkenntnisse besonders wichtig. Natürlich kann ich in diesem Buch nicht jeden Ort beschreiben, den Sie aufsuchen könnten, um von der Heilkraft der dortigen Kirchen zu profitieren. Zunächst einmal geht es ja darum, daß Sie einen oder mehrere Kraftorte in Ihrer unmittelbaren Umgebung zu identifizieren lernen. Probieren Sie diese Stätte aus und entscheiden, ob der Aufenthalt Ihre Stimmungslage in das gewünschte Gleichgewicht bringt, Ihnen Mut macht, Sie versöhnlicher stimmt oder was immer Sie sich davon erhoffen.

Sind Sie der Meinung, daß dies nicht der Fall ist, dann erproben Sie bei Ihrem nächsten Besuch, wie Sie sich fühlen, wenn Sie eine andere Sitzposition – weiter vorne, hinten, links oder rechts – in der Kirche oder Kapelle wählen.

Grundsätzlich wurde sicherlich keine der alten Kirchen so angelegt, daß ein Aufenthalt in ihrem Innern schädlich wäre. Kein wissender Priester hätte in seinem Sprengel den ungünstigsten Platz gewählt, um sich dort tagtäglich viele Stunden lang aufzuhalten – im Gegenteil!

Ihr persönlicher Stimmungstest

Bevor Sie die Checklisten verwenden, um einen der in diesem Buch nicht beschriebenen Orte – und davon gibt es in Europa Tausende – zu identifizieren, sollten Sie einen kurzen Check Ihrer persönlichen Stimmungslage vornehmen:

1. Fühlen Sie sich zur Zeit nervös, gereizt, überdreht, gehetzt?
Dann sollten Sie Orte aufsuchen, an denen Sie wieder zur Ruhe kommen. Sie müssen demnach Plätze suchen, die Sie in Ihrer Stimmungslage nicht noch weiter aufdrehen. Für Menschen Ihres Typs wurden die Herzeleid-Kirchen bereitgestellt, also Kirchen vom Typus „Schmerzhafte Muttergottes“, Passionskirchen und Kreuzwegstationen.

Merken Sie sich:
Ich brauche keine Himmelfahrts- oder Jubelkirchen.

2. Fühlen Sie sich zur Zeit lustlos, apathisch gehemmt?
Meiden Sie in dieser Zeit die Herzeleid-Anlagen.

Merken Sie sich:
Ich benötige eine Himmelfahrts- und Jubelkirche.

3. Was machen Sie, wenn Sie sich „weder – noch“ fühlen, also lediglich durchatmen und etwas Kraft schöpfen wollen?

Dann stehen Ihnen die Kirchen aller Typen offen. Sie müssen jedoch in der Checkliste nachschlagen, wo Sie sich innerhalb des umbauten Heiligtums hinzusetzen haben.

Übrigens:
Dorfkirchen sind in der Regel Universalanlagen.
Das Prinzip ist denkbar einfach: In solchen Kirchen ist sowohl das Herzeleid- als auch das Herzejubel-Prinzip markiert, desgleichen Stellen, an denen sie nach der „Normalisierung“ Stärkung erfahren.

Erster Schritt zur Bestimmung des Bauwerks

Stellen Sie fest, in welcher Umgebung das betreffende Bauwerk (z.B. die Stele, Statue, Kapelle, Kirche oder das Münster, der Dom) steht:

- Typ A: Das Bauwerk befindet sich auf einem Berg oder Hügel – bitte lesen Sie weiter auf Seite 80.
- Typ B: Das Bauwerk befindet sich an oder unter einem Hang, und zwar
  - B1: am Flußufer oder Berghang – weiter auf Seite 84.
  - B2: in einem Tal – weiter auf Seite 88.
  - B3: An den Ufern eines Flusses stehen sich zwei Bauwerke gegenüber – weiter auf Seite 92.
- Typ C: Das Bauwerk befindet sich auf einer Ebene – bitte lesen Sie weiter auf Seite 96.

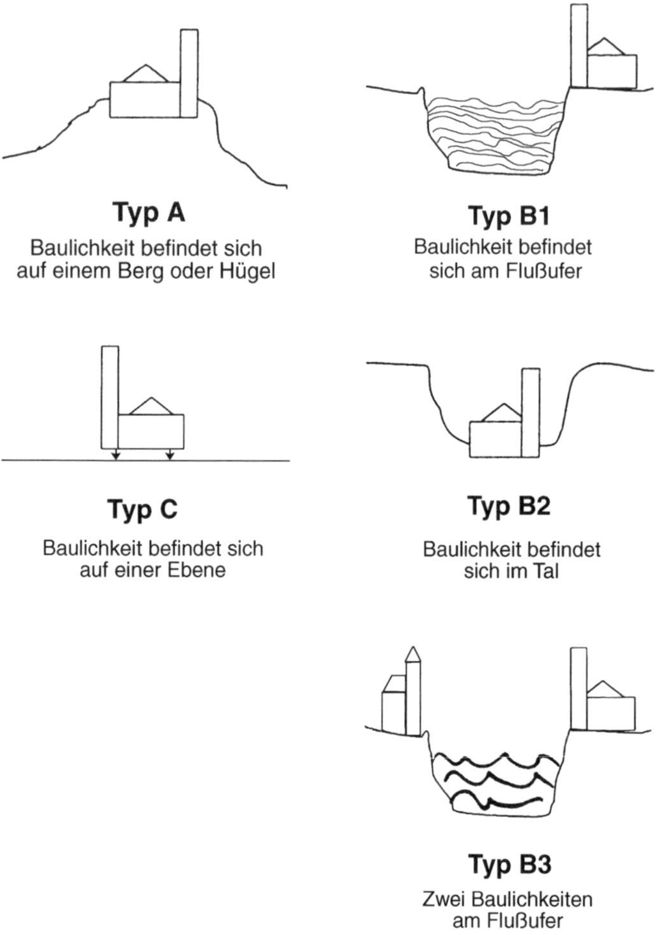

Skizze der Typen A–B1–B2–B3-C

Zuordnung der in diesem Buch beschriebenen Kirchen		
A	**B**	**C**
Annaberg	Abbach	Altötting
Banz	Banz/Vierzehnheiligen	Dettelbach
Hildegard v. Bingen	Jungingen	Kevelaer
Münstereifel	Maria Laach	Kloster Kamp
Ochsenhausen	Marienthal	Klosterlechfeld
	Ottobeuren	Worms
	Rohr	
	Rot a.d. Rot	
	Weggental	
	Würzburg Käppele	

Zuordnung weiterer Kirchen in Deutschland		
A	**B**	**C**
Kloster Eberbach	Braunau	Augsburg
Wormbach	Frankfurt/Oder	München: Frauenkirche
	Magdeburg: Dom	München: Theatinerkirche
	Marienwerder	Paderborn: Dom
	Meschede	Telgte
	München: St. Lukas	Warendorf
	Neresheim	
	Siegburg	

Zuordnung weiterer Kirchen in Österreich (und Ungarn)		
A	**B**	**C**
Thihany (Ungarn)	Melk	Wien: Stephansdom
Salzburg: Dom	Zalavar (Ungarn)	
Stams	Krems: Münster	

Zuordnung weiterer Kirchen in der Schweiz		
A	**B**	**C**
Disentis	Einsiedeln	
	Kloster St. Gallen	
	Payern	
	Mariastein	

Die weiteren Schritte – Typ A

Sie haben ein kirchliches Bauwerk auf einer Anhöhe identifiziert. An solchen Plätzen befanden sich früher bevorzugt keltische Orte der Kraftgewinnung.

Zweiter Schritt: Bestimmung von Sender und Empfänger der Kraft

- Suchen Sie nun nach dem Gegenstück, einem kirchlichem Bauwerk im Tal oder auf einem umliegenden Hügel.
- Entscheiden Sie aufgrund der Situation vor Ort: Welches der beiden Gebäude wurde vermutlich als Sender, welches als Empfänger der Kraft konzipiert und genutzt?
- Informieren Sie sich über die Geschichte der Gebäude: Welches der Bauwerke wurde von einem Adeligen oder einem höheren Geistlichen als Gebetsanlage ständig benutzt?

Faustregeln zur Bestimmung von Sender und Empfänger

- Gebäude mit einem Turm empfängt von Kapelle o.ä.;
- Gebäude mit zwei Türmen empfängt von Gebäude mit einem Turm;
- je mehr Türme, desto bedeutender der Ort und somit der Platz, den der höhere Geistliche für sich als Aufenthaltsort bestimmte.

Dritter Schritt: Untersuchung des Empfängers

(siehe Skizzen ab Seite 100)

Untersuchen Sie nun den Ort, den Sie als Empfänger identifiziert haben:

- Umrunden Sie, wenn möglich, das Gebäude.
- Peilen Sie
  - die Verlängerung der Mittellinie des Hauptaltars außerhalb des Gebäudes,
  - die Verlängerung der Mittelachse Hauptaltar – Haupteingang,
  - die Verlängerung des Kirchenquerschiffs.

- Auf welchen Hügel/auf welches Bauwerk in der Umgebung weisen die jeweiligen Linien?

Praxistip

Entscheidend ist das Kriterium der Sichtweite: Kann man (und sei es gerade noch) zum Beispiel von der Spitze des einen Kirchturms den anderen Kirchturm sehen? Da man die Kirchtürme in der Regel nicht besteigen darf, benötigen Sie hier etwas Phantasie oder Intuition. Bedenken Sie auch, daß seit Errichtung der Kirchenanlage die Umgebung unter Umständen stark verändert wurde (Bebauung, Rodung, landschaftsarchitektonische Eingriffe).

Vierter Schritt: Peilung ins Kircheninnere

Versuchen Sie nun, ein auffälliges Gebäude (oder auch mehrere) in unmittelbarer Nähe der Anlage zu identifizieren. Ziehen Sie von diesem Gebäude eine imaginäre Linie zu dem Objekt, vor dem Sie stehen, und verlängern nun diese Linie in das Innere des Gebäudes hinein.

Praxistip

Prägen Sie sich ein, an welcher auffälligen Stelle diese Peillinie außen auf das Gebäude trifft (eine Tür, ein Fenster, eine Kante des Kirchturms etc.).

Fünfter Schritt: Untersuchung des Kircheninneren

(siehe Skizzen ab Seite 101)

Sehen Sie sich nun in der Kirche um und untersuchen den Innenraum:

- Treffen die von Ihnen gepeilten Linien im Kircheninneren auf Dekorationsstücke? (Meist haben kluge Geistliche an diese Stellen eine Statue oder ein Bild, das Taufbecken, ein Kreuz oder einen Nebenaltar plaziert.)
- Schneiden sich die gepeilten Linien, die von außen kommen, an der jeweiligen Mittellinie des Hauptaltars und der Nebenaltäre?
- Wo befindet sich die Kanzel, wie trifft die Mittellinie der Kanzel auf die anderen Linien innerhalb der Kirche?

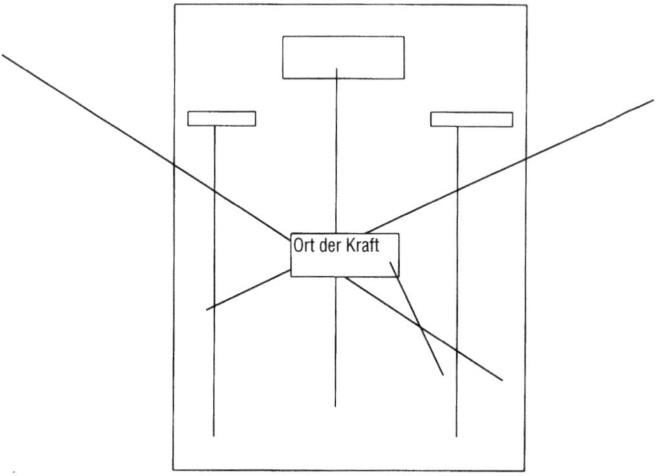

Die Schnittpunkte sind die Punkte der Kraft in diesem Gebäude.

Sechster Schritt: Plätze zur Auf- und Entladung bestimmen

Nachdem Sie in der untersuchten Kirche die Orte der Kraft gefunden haben, müssen Sie nur noch – aufgrund der Dekorationen – identifizieren, welche Plätze der Auf- und welche der Entladung dienen.

Da seit Errichtung des Bauwerks in der Regel Hunderte von Jahren vergangen sind und die meisten Kirchen mehrfach umgebaut und verändert wurden, kann auch die Qualität der Wirkung, also von Auf- oder Abladung, beeinträchtigt worden sein. Erproben Sie daher geduldig die Wirkungen dieser Orte auf Ihr persönliches biomagnetisches und bioelektrisches Umfeld.

Praxistip

Notieren Sie, wo Sie wie lange gesessen und wie Sie sich jeweils in den folgenden vier bis sechs Stunden gefühlt haben. Waren Sie

- vorher müde und wurden anschließend merklich aktiver?
- vorher traurig und wurden anschließend merklich heiterer?

Oder waren keinerlei Effekte zu beobachten?

Der Ort, der Ihnen ein besonderes Wohlgefühl einflößt, das auch danach noch einige Stunden anhält, entspricht *Ihrem Ort der Kraft.*

Besuchen Sie ihn oft.

Die weiteren Schritte – Typ B1

Sie haben ein kirchliches Bauwerk identifiziert, das nahe einem Flußufer oder am Hang liegt. Die Urform solcher Anlagen findet man, bedingt durch die Gegebenheiten des Landes, insbesondere in Ägypten an den Ufern des Nils.

Zweiter Schritt: Bestimmung von Sender und Empfänger der Kraft

Suchen Sie nach dem baulichen Gegenpol auf umliegenden Anhöhen und auf Bergen oder Hügeln am anderen Ufer.

Zur leichteren Identifizierung des Gegenstücks kann es hilfreich sein, imaginäre Mittellinien durch die Kirchen (Längs- und Querschiff) zu ziehen und diese außerhalb der Kirche jeweils in beide Richtungen zu verfolgen.

Praxistip

Häufig stößt man bei diesem Typus auf sakrale Bauwerke oberhalb der betreffenden Kirche. Das gesuchte Gegenstück muß auf den ersten Blick nicht als Kirche erkennbar sein. Beispielsweise kommen auch Burgruinen in Betracht, da Burgen in aller Regel mit Kapellen ausgestattet waren. War der Burgherr eingeweiht, so wollte er sich auf diese Weise die Kraft ins Haus holen! In diesem Fall wäre der Ort, wo ehedem die Burg stand, der Platz, auf dem sich die Kraftwirkungen konzentrieren.

Faustregeln zur Bestimmung von Sender und Empfänger

- Gebäude mit einem Turm empfängt von Kapelle o.ä.;
- Gebäude mit zwei Türmen empfängt von Gebäude mit einem Turm;
- je mehr Türme, desto bedeutender der Ort und somit der Platz, den der höhere Geistliche für sich als Aufenthaltsort bestimmte. Beispielsweise befinden sich in Maria Laach und Münsterschwarzach Klosterkirchen mit vier Türmen!

Dritter Schritt: Untersuchung des Empfängers

(siehe Skizzen ab Seite 100)

Untersuchen Sie nun den Ort, den Sie als Empfänger identifiziert haben:

- Umrunden Sie, wenn möglich, das Gebäude.
- Peilen Sie
  - die Verlängerung der Mittellinie des Hauptaltars außerhalb des Gebäudes,
  - die Verlängerung der Mittelachse Hauptaltar – Haupteingang,
  - die Verlängerung des Kirchenquerschiffs.
- Auf welchen Hügel/auf welches Bauwerk in der Umgebung weisen die jeweiligen Linien?

Praxistip

Entscheidend ist das Kriterium der Sichtweite: Kann man (und sei es gerade noch) zum Beispiel von der Spitze des einen Kirchturms den anderen Kirchturm sehen? Da man die Kirchtürme in der Regel nicht besteigen darf, benötigen Sie hier etwas Phantasie oder Intuition. Bedenken Sie auch, daß die Umgebung seit Errichtung der Kirchenanlage unter Umständen stark verändert wurde (Bebauung, Rodung, landschaftsarchitektonische Eingriffe).

Vierter Schritt: Peilung ins Kircheninnere

Versuchen Sie nun, ein auffälliges Gebäude (oder auch mehrere) in unmittelbarer Nähe der Anlage zu identifizieren. Ziehen Sie von diesem Gebäude eine imaginäre Linie zu dem Objekt, vor dem Sie stehen, und verlängern nun diese Linie in das Innere des Gebäudes hinein.

Praxistip

Prägen Sie sich ein, an welcher auffälligen Stelle diese Peillinie außen auf das Gebäude trifft (eine Tür, ein Fenster, eine Kante des Kirchturms etc.)

Fünfter Schritt: Untersuchung des Kircheninneren
(siehe Skizzen ab Seite 101)

Sehen Sie sich nun in der Kirche um und untersuchen den Innenraum:

- Treffen die von Ihnen gepeilten Linien im Kircheninneren auf Dekorationsstücke? (Meist haben kluge Geistliche an diese Stellen eine Statue oder ein Bild, das Taufbecken, ein Kreuz oder einen Nebenaltar plaziert.)
- Schneiden sich die gepeilten Linien, die von außen kommen, an der jeweiligen Mittellinie des Hauptaltars und der Nebenaltäre?
- Wo befindet sich die Kanzel, wie trifft die Mittellinie der Kanzel auf die anderen Linien innerhalb der Kirche?

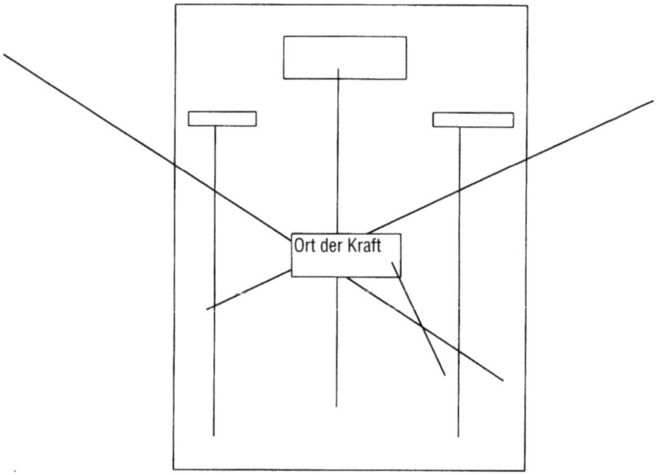

Die Schnittpunkte sind die Punkte der Kraft in diesem Gebäude.

Sechster Schritt: Plätze zur Auf- und Entladung bestimmen

Nachdem Sie in der untersuchten Kirche die Orte der Kraft gefunden haben, müssen Sie nur noch – aufgrund der Dekorationen – identifizieren, welche Plätze der Auf- und welche der Entladung dienen.

Da seit Errichtung des Bauwerks in der Regel Hunderte von Jahren vergangen sind und die meisten Kirchen mehrfach umgebaut und verändert wurden, kann auch die Qualität der Wirkung, also von Auf- oder Abladung, beeinträchtigt worden sein. Erproben Sie daher geduldig die Wirkungen dieser Orte auf Ihr persönliches biomagnetisches und bioelektrisches Umfeld.

Praxistip

Notieren Sie, wo Sie wie lange gesessen und wie Sie sich jeweils in den folgenden vier bis sechs Stunden gefühlt haben. Waren Sie

- vorher müde und wurden anschließend merklich aktiver?
- vorher traurig und wurden anschließend merklich heiterer?

Oder waren keinerlei Effekte zu beobachten?

Der Ort, der Ihnen ein besonderes Wohlgefühl einflößt, das auch danach noch einige Stunden anhält, entspricht *Ihrem Ort der Kraft.*

Besuchen Sie ihn oft.

Die weiteren Schritte – Typ B2

Sie haben zwei kirchliche Bauwerke identifiziert, die ein fließendes Gewässer flankieren.

Zweiter Schritt: Bestimmung von Sender und Empfänger der Kraft

- Könnten beide Bauwerke gleichberechtigt sein? (Siehe Typologie der Türme, S. 100)
- Liegen beide Bauwerke höher als das fließende Gewässer? Falls nicht, handelt es sich um Typ C.
- Welches der Bauwerke könnte der Sender, welches der Empfänger der Kraft sein? Entscheiden Sie aufgrund der Situation vor Ort.
- Informieren Sie sich über die Geschichte der Gebäude: Welches der Bauwerke wurde von einem Adeligen oder einem höheren Geistlichen als Gebetsanlage ständig benutzt?

Faustregeln zur Bestimmung von Sender und Empfänger

- Gebäude mit einem Turm empfängt von Kapelle o.ä.;
- Gebäude mit zwei Türmen empfängt von Gebäude mit einem Turm;
- je mehr Türme, desto bedeutender der Ort und somit der Platz, den der höhere Geistliche für sich als Aufenthaltsort bestimmte.

Dritter Schritt: Untersuchung des Empfängers
(siehe Skizzen ab Seite 100)

Untersuchen Sie nun den Ort, den Sie als Empfänger identifiziert haben:

- Umrunden Sie, wenn möglich, das Gebäude.
- Peilen Sie
  - die Verlängerung der Mittellinie des Hauptaltars außerhalb des Gebäudes,
  - die Verlängerung der Mittelachse Hauptaltar – Haupteingang,

– die Verlängerung des Kirchenquerschiffs.
- Auf welchen Hügel/auf welches Bauwerk in der Umgebung weisen die jeweiligen Linien?

Praxistip

Entscheidend ist das Kriterium der Sichtweite: Kann man (und sei es gerade noch) zum Beispiel von der Spitze des einen Kirchturms den anderen Kirchturm sehen? Da man die Kirchtürme in der Regel nicht besteigen darf, benötigen Sie hier etwas Phantasie oder Intuition. Bedenken Sie auch, daß die Umgebung seit Errichtung der Kirchenanlage unter Umständen stark verändert wurde (Bebauung, Rodung, landschaftsarchitektonische Eingriffe).

Vierter Schritt: Peilung ins Kircheninnere

Versuchen Sie nun, ein auffälliges Gebäude (oder auch mehrere) in unmittelbarer Nähe der Anlage zu identifizieren. Ziehen Sie von diesem Gebäude eine imaginäre Linie zu dem Objekt, vor dem Sie stehen, und verlängern nun diese Linie in das Innere des Gebäudes hinein.

Praxistip

Prägen Sie sich ein, an welcher auffälligen Stelle diese Peillinie außen auf das Gebäude trifft (eine Tür, ein Fenster, eine Kante des Kirchturms etc.)

Fünfter Schritt: Untersuchung des Kircheninneren

(siehe Skizzen ab Seite 101)

Sehen Sie sich nun in der Kirche um und untersuchen den Innenraum:

- Treffen die von Ihnen gepeilten Linien im Kircheninneren auf Dekorationsstücke? (Meist haben kluge Geistliche an diese Stellen eine Statue oder ein Bild, das Taufbecken, ein Kreuz oder einen Nebenaltar plaziert.)
- Schneiden sich die gepeilten Linien, die von außen kommen, an der jeweiligen Mittellinie des Hauptaltars und der Nebenaltäre?

- Wo befindet sich die Kanzel, wie trifft die Mittellinie der Kanzel auf die anderen Linien innerhalb der Kirche?

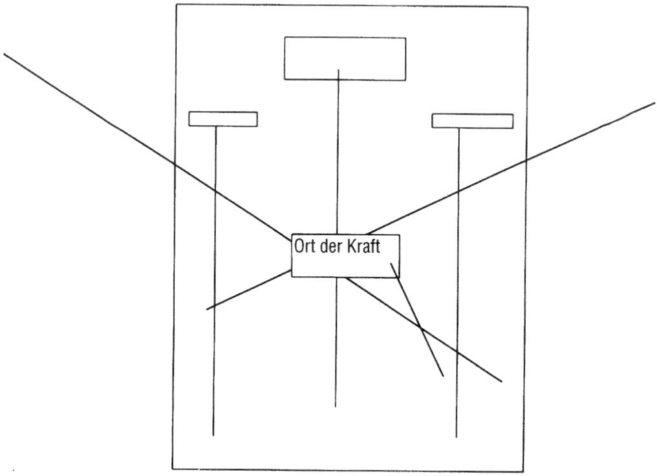

Die Schnittpunkte sind die Punkte der Kraft in diesem Gebäude.

Sechster Schritt: Plätze zur Auf- und Entladung bestimmen

Nachdem Sie in der untersuchten Kirche die Orte der Kraft gefunden haben, müssen Sie nur noch – aufgrund der Dekorationen – identifizieren, welche Plätze der Auf- und welche der Entladung dienen.

Da seit Errichtung des Bauwerks in der Regel Hunderte von Jahren vergangen sind und die meisten Kirchen mehrfach umgebaut und verändert wurden, kann auch die Qualität der Wirkung, also von Aufladung oder Abladung, beeinträchtigt worden sein. Erproben Sie daher geduldig die Wirkungen dieser Orte auf Ihr persönliches biomagnetisches und bioelektrisches Umfeld.

Praxistip

Notieren Sie, wo Sie wie lange gesessen und wie Sie sich jeweils in den folgenden vier bis sechs Stunden gefühlt haben. Waren Sie

- vorher müde und wurden anschließend merklich aktiver?
- vorher traurig und wurden anschließend merklich heiterer?

Oder waren keinerlei Effekte zu beobachten?

Der Ort, der Ihnen ein besonderes Wohlgefühl einflößt, das auch danach noch einige Stunden anhält, entspricht *Ihrem Ort der Kraft.*

Besuchen Sie ihn oft.

Die weiteren Schritte – Typ B3

Sie haben zwei kirchliche Gebäude identifiziert, die einander am Ufer eines Flusses gegenüberliegen – eine seltenere Situation.

Zweiter Schritt: Bestimmung von Sender und Empfänger der Kraft

Steht die Anlage, die Sie als Empfänger identifiziert haben, parallel zum Flußufer bzw. Berghang oder in rechtem Winkel dazu?

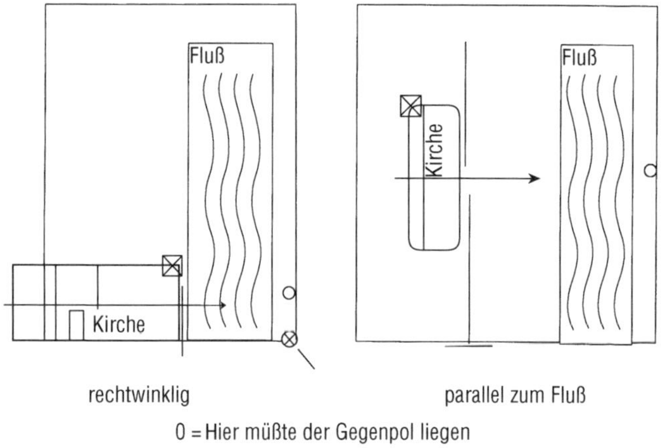

Positionen von Bauwerken des Typs C

- Könnten beide Bauwerke gleichberechtigt sein? (Siehe Typologie der Türme, S. 100)
- Liegen beide Bauwerke höher als das fließende Gewässer? Falls nicht, handelt es sich um Typ C.
- Welches der Bauwerke könnte der Sender, welches der Empfänger der Kraft sein? Entscheiden Sie aufgrund der Situation vor Ort.
- Informieren Sie sich über die Geschichte der Gebäude: Welches der Bauwerke wurde von einem Adeligen oder einem höheren Geistlichen als Gebetsanlage ständig benutzt?

Faustregeln zur Bestimmung von Sender und Empfänger

- Gebäude mit einem Turm empfängt von Kapelle o.ä.;
- Gebäude mit zwei Türmen empfängt von Gebäude mit einem Turm;
- je mehr Türme, desto bedeutender der Ort und somit der Platz, den der höhere Geistliche für sich als Aufenthaltsort bestimmte.

Ein zusätzlicher Tip: Der Empfänger ist häufig schöner ausgestaltet. Dieser Ort wird meist auch von größeren Pilgerscharen besucht.

Dritter Schritt: Untersuchung des Empfängers

(siehe Skizzen ab Seite 100)

Untersuchen Sie nun den Ort, den Sie als Empfänger identifiziert haben:

- Peilen Sie
  - die Verlängerung der Mittellinie des Hauptaltars außerhalb des Gebäudes,
  - die Verlängerung der Mittelachse Hauptaltar – Haupteingang,
  - die Verlängerung des Kirchenquerschiffs.
- Auf welchen Hügel / auf welches Bauwerk in der Umgebung weisen die jeweiligen Linien?

Praxistip

Entscheidend ist das Kriterium der Sichtweite: Kann man (und sei es gerade noch) zum Beispiel von der Spitze des einen Kirchturms den anderen Kirchturm sehen? Da man die Kirchtürme in der Regel nicht besteigen darf, benötigen Sie hier etwas Phantasie oder Intuition. Bedenken Sie auch, daß seit Errichtung der Kirchenanlage die Umgebung unter Umständen stark verändert wurde (Bebauung, Rodung, landschaftsarchitektonische Eingriffe).

Vierter Schritt: Peilung ins Kircheninnere

Versuchen Sie nun, ein auffälliges Gebäude (oder auch mehrere) in unmittelbarer Nähe der Anlage zu identifizieren. Ziehen

Sie von diesem Gebäude eine imaginäre Linie zu dem Objekt, vor dem Sie stehen, und verlängern nun diese Linie in das Innere des Gebäudes hinein.

Praxistip

Prägen Sie sich ein, an welcher auffälligen Stelle diese Peillinie außen auf das Gebäude trifft (eine Tür, ein Fenster, eine Kante des Kirchturms etc.)

Fünfter Schritt: Untersuchung des Kircheninneren

(siehe Skizzen ab Seite 101)

Sehen Sie sich nun in der Kirche um und untersuchen den Innenraum:

- Treffen die von Ihnen gepeilten Linien im Kircheninneren auf Dekorationsstücke? (Meist haben kluge Geistliche an diese Stellen eine Statue oder ein Bild, das Taufbecken, ein Kreuz oder einen Nebenaltar plaziert.)
- Schneiden sich die gepeilten Linien, die von außen kommen, an der jeweiligen Mittellinie des Hauptaltars und der Nebenaltäre?
- Wo befindet sich die Kanzel, wie trifft die Mittellinie der Kanzel auf die anderen Linien innerhalb der Kirche?

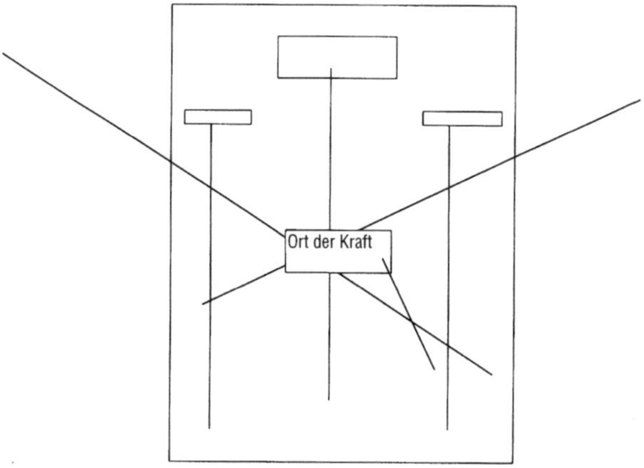

Die Schnittpunkte sind die Punkte der Kraft in diesem Gebäude.

Sechster Schritt: Plätze zur Auf- und Entladung bestimmen

Nachdem Sie in der untersuchten Kirche die Orte der Kraft gefunden haben, müssen Sie nur noch – aufgrund der Dekorationen – identifizieren, welche Plätze der Auf- und welche der Entladung dienen.

Da seit Errichtung des Bauwerks in der Regel Hunderte von Jahren vergangen sind und die meisten Kirchen mehrfach umgebaut und verändert wurden, kann auch die Qualität der Wirkung, also von Aufladung oder Abladung, beeinträchtigt worden sein. Erproben Sie daher geduldig die Wirkungen dieser Orte auf Ihr persönliches biomagnetisches und bioelektrisches Umfeld.

Praxistip

Notieren Sie, wo Sie wie lange gesessen und wie Sie sich jeweils in den folgenden vier bis sechs Stunden gefühlt haben. Waren Sie

- vorher müde und wurden anschließend merklich aktiver?
- vorher traurig und wurden anschließend merklich heiterer?

Oder waren keinerlei Effekte zu beobachten?

Der Ort, der Ihnen ein besonderes Wohlgefühl einflößt, das auch danach noch einige Stunden anhält, entspricht *Ihrem Ort der Kraft.*

Besuchen Sie ihn oft.

Die weiteren Schritte – Typ C

Sie haben ein kirchliches Bauwerk identifiziert, das sich auf einer Ebene befindet. Bei diesem Typus ist es häufig recht schwierig, den Gegenpol aufzufinden.

Zweiter Schritt: Bestimmung von Sender und Empfänger der Kraft

- Verlängern Sie in Gedanken die Mittelachse des Kirchenschiffs nach beiden Richtungen: Auf dieser gedachten Linie könnte, oft Kilometer entfernt, das gesuchte Gegenstück stehen.
- Meist befinden sich zugehörige kleinere Bauwerke in unmittelbarer Nähe.
- Auf ebenem Gelände mußten Sende- und Empfangsanlagen offenbar besonders sorgfältig konstruiert werden. Nach unseren Messungen wurden sie auf besonderen Linien erbaut. Deren verstärkende Wirkung nutzte man mit Hilfe der Längsachse des Gebäudes und korrigierte Störungen außerhalb der Kirche.
- Falls Sie trotz dieser Hinweise keine Verbindung zu einem weiter entfernt liegenden Gebäude herstellen können, achten Sie bitte auf einen weiteren Kunstgriff der Erbauer:
- In der Flucht- bzw. Verbindungslinie der beiden Gebäude befindet sich häufig ein Brunnen.

Faustregeln zur Bestimmung von Sender und Empfänger

- Gebäude mit einem Turm empfängt von Kapelle o.ä.;
- Gebäude mit zwei Türmen empfängt von Gebäude mit einem Turm;
- je mehr Türme, desto bedeutender der Ort und somit der Platz, den der höhere Geistliche für sich als Aufenthaltsort bestimmte.

Ein zusätzlicher Tip: Der Empfänger ist häufig schöner ausgestaltet. Dieser Ort wird meist auch von größeren Pilgerscharen besucht.

Dritter Schritt: Untersuchung des Empfängers

(siehe Skizzen ab Seite 100)

Untersuchen Sie nun den Ort, den Sie als Empfänger identifiziert haben:

- Peilen Sie
  - die Verlängerung der Mittellinie des Hauptaltars außerhalb des Gebäudes,
  - die Verlängerung der Mittelachse Hauptaltar – Haupteingang,
  - die Verlängerung des Kirchenquerschiffs.
- Auf welchen Hügel / auf welches Bauwerk in der Umgebung weisen die jeweiligen Linien?

Praxistip

Entscheidend ist das Kriterium der Sichtweite: Kann man (und sei es gerade noch) zum Beispiel von der Spitze des einen Kirchturms den anderen Kirchturm sehen? Da man die Kirchtürme in der Regel nicht besteigen darf, benötigen Sie hier etwas Phantasie oder Intuition. Bedenken Sie auch, daß seit Errichtung der Kirchenanlage die Umgebung unter Umständen stark verändert wurde (Bebauung, Rodung, landschaftsarchitektonische Eingriffe).

Vierter Schritt: Peilung ins Kircheninnere

Versuchen Sie nun, ein auffälliges Gebäude (oder auch mehrere) in unmittelbarer Nähe der Anlage zu identifizieren. Ziehen Sie von diesem Gebäude eine imaginäre Linie zu dem Objekt, vor dem Sie stehen, und verlängern nun diese Linie in das Innere des Gebäudes hinein.

Praxistip

Prägen Sie sich ein, an welcher auffälligen Stelle diese Peillinie außen auf das Gebäude trifft (eine Tür, ein Fenster, eine Kante des Kirchturms etc.).

Fünfter Schritt: Untersuchung des Kircheninneren
(siehe Skizzen ab Seite 101)

Sehen Sie sich nun in der Kirche um und untersuchen den Innenraum:

- Treffen die von Ihnen gepeilten Linien im Kircheninneren auf Dekorationsstücke? (Meist haben kluge Geistliche an diese Stellen eine Statue oder ein Bild, das Taufbecken, ein Kreuz oder einen Nebenaltar plaziert.)
- Schneiden sich die gepeilten Linien, die von außen kommen, an der jeweiligen Mittellinie des Hauptaltars und der Nebenaltäre?
- Wo befindet sich die Kanzel, wie trifft die Mittellinie der Kanzel auf die anderen Linien innerhalb der Kirche?

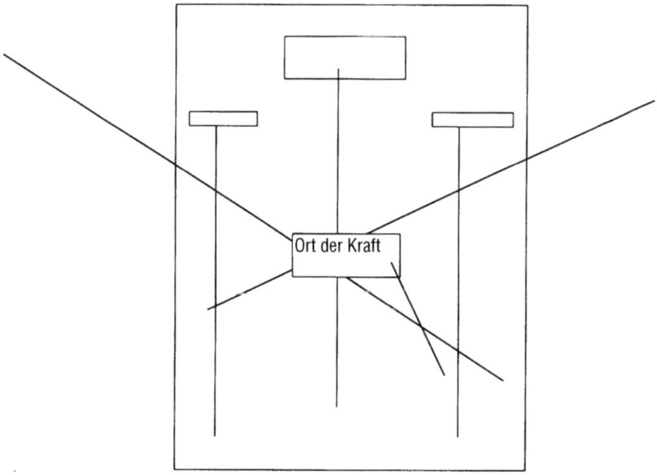

Die Schnittpunkte sind die Punkte der Kraft in diesem Gebäude.

Sechster Schritt: Plätze zur Auf- und Entladung bestimmen

Nachdem Sie in der untersuchten Kirche die Orte der Kraft gefunden haben, müssen Sie nur noch – aufgrund der Dekorationen – identifizieren, welche Plätze der Auf- und welche der Entladung dienen.

Da seit Errichtung des Bauwerks in der Regel Hunderte von Jahren vergangen sind und die meisten Kirchen mehrfach umgebaut und verändert wurden, kann auch die Qualität der Wirkung, also von Aufladung oder Abladung, beeinträchtigt worden sein. Erproben Sie daher geduldig die Wirkungen dieser Orte auf Ihr persönliches biomagnetisches und bioelektrisches Umfeld.

Praxistip

Notieren Sie, wo Sie wie lange gesessen und wie Sie sich jeweils in den folgenden vier bis sechs Stunden gefühlt haben. Waren Sie

- vorher müde und wurden anschließend merklich aktiver?
- vorher traurig und wurden anschließend merklich heiterer?

Oder waren keinerlei Effekte zu beobachten?

Der Ort, der Ihnen ein besonderes Wohlgefühl einflößt, das auch danach noch einige Stunden anhält, entspricht *Ihrem Ort der Kraft.*

Besuchen Sie ihn oft.

Bausteine zur Bestimmung von Sender, Empfänger und Energiequalität

Typologie der Türme

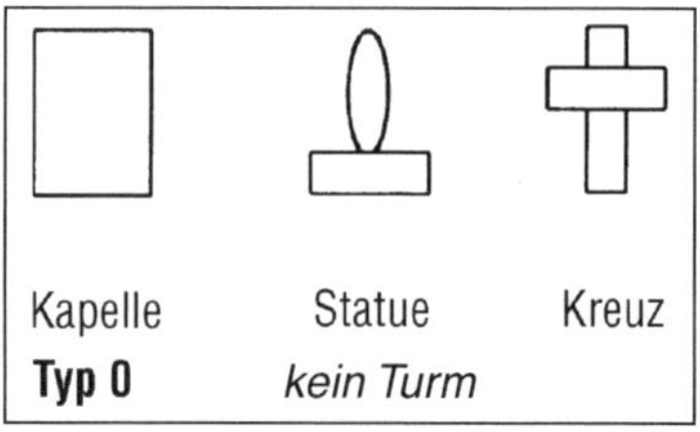

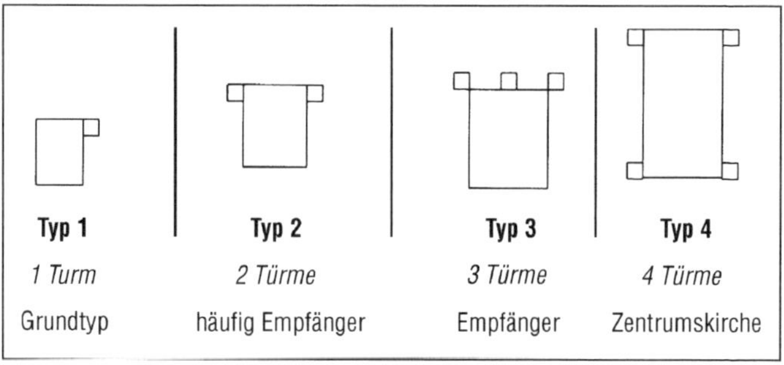

Die Anzahl der Türme entspricht der Zahl der zur Anlage gehörenden Bauwerke in der Umgebung.

Bewertung und Zuordnung
Typ 1 empfängt von Typ 0
Typ 2 empfängt von Typ 1 und Typ 0
Typ 3 empfängt von Typ 2 und 1
Typ 4 empfängt von Typ 3, 2, 1

Merkmale außerhalb der Gebäude

Die „wissenden“ Bauherren haben auch außerhalb der Kirchen durch Statuen oder Kreuzwegstationen Markierungen gesetzt, die auf die Qualität der Kraft hinweisen. Achten Sie auf solche Merkmale in unmittelbarer Umgebung der Kirchen. So bedeuten beispielsweise

- Golgatha: abladend,
- Maria mit Kind: aufladend.

Merkmale in den Gebäuden

- Achten Sie Im Inneren der Gebäude auf die Anordnung der Altäre. Seitenaltäre sind zwar nach jeweiliger Ordenssitte plaziert, dennoch finden sich dort bewußt gesetzte Ausschmückungen, die uns wiederum Hinweise auf die Art der zu erwartenden Wirkungen geben.
- Die Mittellinie zwischen zwei Seitenaltären ist als günstiger Platz zum Verweilen zu empfehlen.
- Prinzipiell sind an den Schnittpunkten der Mittellinie und der von außen gepeilten Linien besondere Effekte zu erwarten.
- Achten Sie des weiteren auf Requisiten wie Kanzel, Bilder, Statuen oder Säulen, die gleichfalls Orte der Kraft markieren können. Beispiele für versteckte Hinweise in Dekorationsstücken:

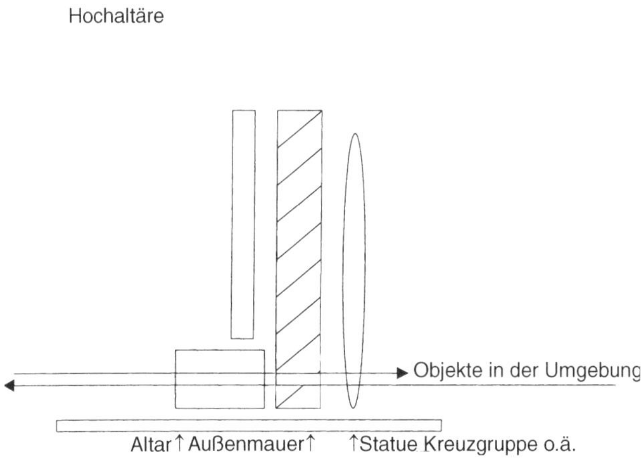

Merkmal außerhalb der Gebäude:
ein Brunnen in der Flucht- bzw. Verbindungslinie zweier Gebäude

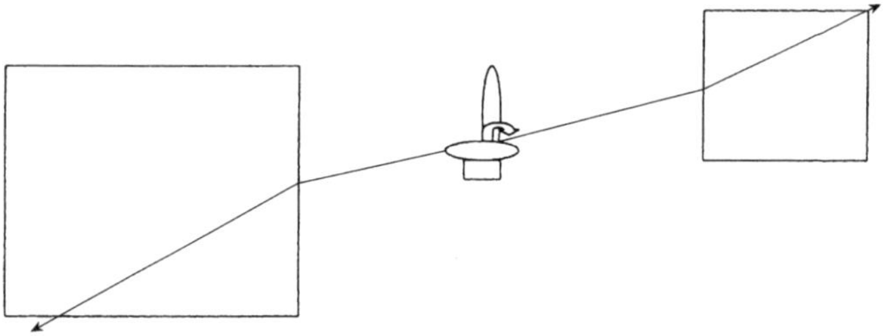

Kanzeln, Bilder, Statuen

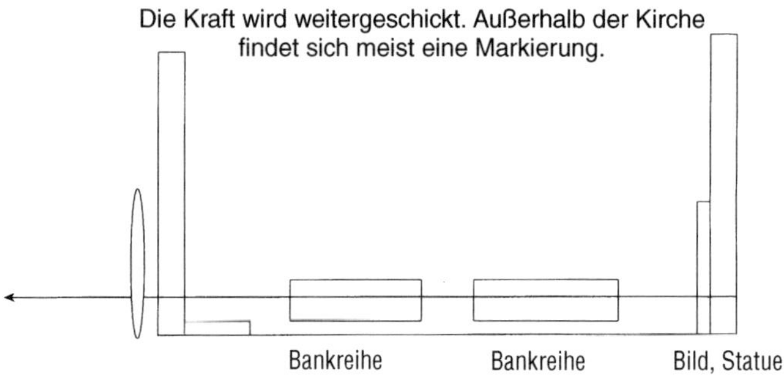

Seitenaltäre

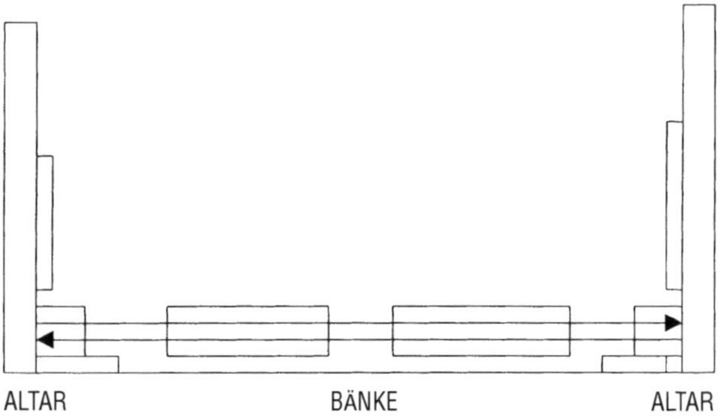

Die folgende Skizze zeigt, wie sich die Position der Kanzel als Orientierungspunkt heranziehen läßt: „Ihr" Sitzplatz in der Kirche sollte sich jeweils auf der eingezeichneten Linie befinden.

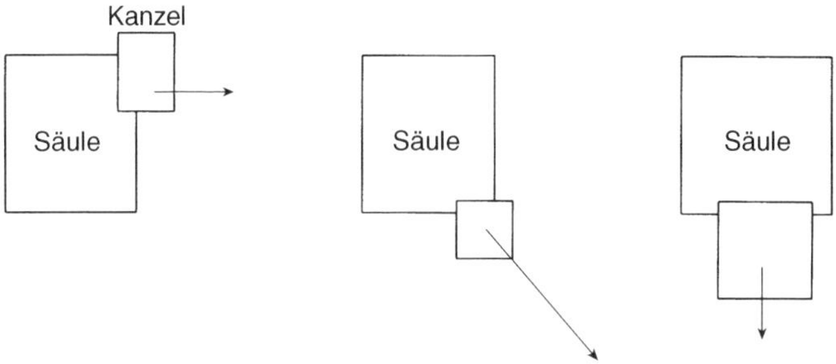

Empfohlene Sitzplätze in Relation zur Kanzel

Für seine Predigt benötigt der Priester schließlich Kraft – Kräfte der Erde, derer er auf den eingezeichneten Linien in reichem Maß teilhaftig wird. Wer auf dieser „Priesterlinie" Platz nimmt, bekommt folglich auch etwas von der Kraft ab – was allerdings auch dazu führen kann, daß selbst die bravsten Schäfchen aufmüpfig werden. Daher waren diese Plätze traditionell für Ehrengäste reserviert.

Schema der Identifizierung von Orten der Kraft

1. Identifizieren Sie den Kirchentyp anhand der Typologie.
2. Spüren Sie das Gegenstück der Anlage auf.
3. Bestimmen Sie Sender und Empfänger.
4. Orten Sie die Schnittpunkte von Peil- und Mittellinien und suchen dort nach Markierungen, die auf Orte der Kraft hinweisen.
5. Bestimmen Sie anhand der Dekorationsstücke die Qualität der dort wirkenden Kraft (auf- oder abladend).
6. Verweilen Sie ca. zwanzig Minuten an dem so identifizierten Ort.
7. Beobachten und notieren Sie Art, Intensität und Dauer der Wirkung.
8. Experimentieren Sie so lange, bis Sie den für sich idealen Punkt gefunden haben – Ihren persönlichen Ort der Kraft.

Teil III. Fotodokumentation der Wallfahrtsorte

„Rallye Santa Maria“

Im Sommer 1997 machten wir uns auf den Weg. Wir, das waren ein älterer Herr – pensionierter Gartenbaumeister, ehemals Mönch eines sehr bekannten Ordens –, der heute aus Freude an den Phänomenen der Schöpfung Seminare für Radiästhesisten veranstaltet, und ich, einmal mehr beflügelt von dem Bestreben, eine Brücke von dem Wissen der Antike bis in unsere Zeit zu schlagen.

Sachkundig und ausgewogen hatte mein Begleiter die Tour zusammengestellt. In meinen Augen war er der ideale Reisegefährte, ein Sachkundiger des Glaubens (im Unterschied zu mir) und überdies zur Radiästhesie befähigt. Ich selbst habe vor Ort keine Messungen durchgeführt; diese Arbeit hat mein Begleiter geleistet, der die gesamte Tour anschließend von einer Gruppe nacharbeiten ließ, um sicherzustellen, daß er kein wichtiges Indiz übersehen hatte.

Was uns, radiästhetisch gesehen, auf dieser Tour bevorstehen würde, wußten wir zu Beginn noch nicht; ebensowenig, wieviel Arbeit es bedeuten würde, unsere Befunde zu dokumentieren. Bereits am zweiten Tag kristallisierten sich die Merkmale verschiedener Muster heraus, die ich in diesem Buch als Typen A bis C beschrieben habe. So entwickelte sich rasch eine Art Forscherroutine, die uns erlaubte, tatsächlich unser gewaltiges Pensum zu erfüllen.

Meines Wissens wurde nie zuvor beschrieben, wie sich zwei enthusiastische Wallfahrer aufmachen, um binnen fünf Tagen auf einer Strecke von rund 2500 Kilometern nicht weniger als 23 Wallfahrtsorte zu besuchen. Ursprünglich sollte unsere „Rallye Santa Maria“, wie wir sie scherzhaft nannten, sogar sieben Tage dauern, aber am fünften Tag begannen wir doch eine gewisse Erschöpfung zu spüren.

Unsere Tour begann in der Nähe von Köln. Schon während der Planung hatten wir beschlossen, nicht unbedingt die größten Kirchen oder die bedeutendsten Wallfahrtsorte zu besuchen, sondern uns immer wieder auch unserer Intuition zu überlassen. Generell beabsichtigten wir überdies, in möglichst vielen deutschen Landen Wallfahrtsorte anzusteuern. Unsere Absicht war es also, breit gestreute Stichproben zu sammeln, nicht aber, ein klerikaltouristisches Pflichtprogramm zu absolvieren, und so findet sich beispielsweise über den Kölner Dom nichts in diesem Buch.

Auf der Autobahn fuhren wir zunächst in Richtung Rüdesheim; nicht, um uns mit Wein zu bevorraten – ein Marienwallfahrtsort und der Schrein der Hildegard von Bingen sollten die ersten Punkte unserer Expedition werden.

Die Kirche der Hildegard von Bingen

In der Kirche der Hildegard von Bingen, die wir mit Hilfe der Reinemachefrau des örtlichen Pfarramtes fanden, begann mein Begleiter sogleich mit den ersten Messungen. Ich dokumentierte mit der Kamera, damit wir unsere Ergebnisse auch visualisiert zur Verfügung stellen konnten.

Wo in dieser Kirche sollte man Platz nehmen? Wo war es günstiger, längere Zeit zu stehen? Noch waren wir uns unserer Methode nicht ganz sicher, doch glücklicherweise waren wir in der Kirche allein und konnten unbeobachtet suchen und sondieren.

Nach etwa zehn Minuten, in denen wir uns durch leise Zurufe verständigten, war meinem Begleiter das System in dieser Kirche klar geworden. Auch die Bilder für die weitere Auswertung am Schreibtisch waren kurz danach auf Film gebannt. Anschließend kauften wir die Informationsbroschüren aus dem Selbstbedienungsregal, und damit begann die Suche nach halbwegs passendem Kleingeld – auch das wurde zur ständigen Übung während der nächsten Tage.

Schließlich zogen wir ein kurzes Resümee und prüften nochmals die Situation außerhalb des Gebäudes, dann kehrten wir zu unserem Wagen zurück. „Keine Besucher in der Kirche – also kein stark frequentierter Ort“, notierte ich, und mein Begleiter klärte mich auf, daß dieser Wallfahrtsplatz deshalb vom örtlichen Pfarramt betreut wurde.

Kirche zur Schmerzhaften Mutter Gottes in Marienthal

Nur wenige Kilometer von Rüdesheim entfernt ist Marienthal. Tief unten in der Schlucht lag sie bald schon vor uns, die Kirche zur Schmerzhaften Mutter Gottes, daneben eine kleine, von Franziskanern betreute Klosteranlage. Während ich noch Fotoapparat und Filme in den Taschen verstaute, war mein Begleiter schon wieder unterwegs.

Vorher hatte er mich knapp informiert, damit ich wußte, was uns erwartete: Die Wallfahrtskirche selbst ist so gebaut, daß sie einen aus dem Berghang dringenden energetischen Effekt kanalisiert und eine Wegkreuzung für geomantische Wirkungen nutzt. Der stärkste Effekt tritt außerhalb der Kirche auf. Dieser Punkt ist allerdings weder durch die Architektur von Kirche und Kloster noch durch sonstige Arrangements (Statuen, Kreuz etc.) auffallend markiert. Vermutlich wissen die heutigen Betreiber also nichts von den Geheimnissen dieses Ortes – auch die Eisenkonstruktion außerhalb der Kirche, Teil eines Daches, das den Außenaltar vor Regen schützt, läßt jegliche geomantischen Rücksichten und Kenntnisse vermissen.

Wo nimmt man Platz, um erwünschte Heilwirkungen zu erzielen? Emsig bestimmte mein Begleiter die Positionen, schritt ab und kontrollierte, um mir schließlich klare Anweisungen für meine Fotos zu geben. Ich fotografierte – fast vierzig Aufnahmen –, und weiter ging's.

Würzburger Käppele

Kaum hatten wir die Autobahn bei Würzburg verlassen, da verfuhren wir uns. Nach einem Umweg durch die Dörfer der Umgebung landeten wir schließlich am Fuß des Berges. Kommt man von der falschen Seite, so ist es jedoch eine Kunst, den Aufweg zu finden und an der richtigen Stelle abzubiegen, es sei denn, man hat öfters göttliche Eingebungen. Die blieben aber in unserem Fall leider aus.

Für die Würzburger mag es ein Kinderspiel sein, zum Käppele zu gelangen, für uns eilige Wallfahrer jedoch geriet die Suche zur Nervenstrapaze. 16 Uhr war schon vorbei, als wir endlich vor dem prächtigen Bauwerk eintrafen.

Anstatt Ihnen in diesem Rallye-Bericht jedesmal zu schildern, wie die technischen Untersuchungen abliefen, hebe ich lediglich die Besonderheiten hervor. Diesmal war insbesondere die Arbeit meines sachkundigen Begleiters gefragt. Unsere ersten Stationen lehrten uns, daß es in den Anlagen stets einen Punkt und einen Gegenpunkt gab, beide durch Bilder, Statuen, Altäre, Brunnen oder andere heilige Anschauungsobjekte markiert – zumindest dann, wenn die Anlage professionell eingerichtet wurde und bis heute so betrieben wird.

Ratlos betrachtete ich eine Statue des Heiligen Antonius. Sie stand mitten in der Kirche, den Rücken dem Berg zugewandt, und es gab anscheinend keinen Gegenpunkt, den ich fotografieren konnte.

Was hatte das zu bedeuten? Stimmte unser Raster nicht? Was nun?

Mein Begleiter lächelte verschmitzt und erklärte mir, daß der „Strahl“, der dort aus dem Berg kommt, nicht gespiegelt wird, sondern weiter ins Freie läuft. Daher hatten die Erbauer hier bewußt keinen Kontrapunkt gesetzt. Also hieß es für uns: Raus aus der Kirche und nachsehen, wo dieser Strahl außerhalb verlief.

Ich schildere diese Sequenz so ausführlich, weil uns an dieser Stelle die Augen für die heilige Architektur der meisten Wallfahrtsorte erst so richtig geöffnet wurden. Sie erwies sich als für den weiteren Verlauf unserer Reise entscheidend und führte schließlich zur Typisierung der Wallfahrtsorte und Kirchen, auf der dieses Buch basiert.

Vor der Kirche stellten wir folgendes fest: Wenn man der Linie bis zur Balustrade folgt, von der aus man die Stadt Würzburg im Tal liegen sieht, so erkennt man dort einen Kirchturm, der zum Gegenstück dieser Anlage gehört. Als wir nun diese Idee – der Verbundenheit der Türme als Finger Gottes – weiter verfolgten, erwies sich rasch, daß noch eine weitere Kirche in Bezug zum Käppele steht.

Mein Begleiter und ich wurden nachdenklich: Mußten, sollten wir in Zukunft auf solche Kombinationen achten? Tatsächlich identifizierten wir in Würzburg so auffällige Gemeinsamkeiten der verschiedenen Kirchtürme, daß sich uns der Gedanke an eine Absicht, einen gewollten Zusammenhang förmlich aufdrängte. Der naheliegende Einwand, Kirchen seien häufig in Sichtweite zueinander errichtet worden, damit man in Kriegs- und Gefahrenzeiten von Kirchturm zu Kirchturm Warnungen übermitteln konnte, trifft hier offensichtlich nicht zu. Die verschiedenen Bauwerke stehen so eng beieinander, daß eine andere Absicht dahinterstecken muß.

In der Gewißheit, daß geheime Zusammenhänge das Käppele und die Kirchen im Tal des Mains verknüpften, machte ich noch ein paar Aufnahmen, dann setzten wir unsere Reise fort. Auf dem Weg zur nächsten Etappe beschlossen wir, in Zukunft methodisch nach den Verbundsystemen zu suchen, die möglicherweise vielerorts verschiedene Kirchenbauten vernetzten.

Die Wallfahrtskirche in Dettelbach

Nächstes Ziel unserer Reise war Dettelbach, das Franziskanerkloster mit Wallfahrtskirche. Gewitterstimmung lastete über dem Ort, den wir gegen 18 Uhr erreichten. Schwarze Regenwolken verdüsterten den Himmel, so daß ich schon schwere Bedenken hegte, ob die Lichtverhältnisse mir vernünftige Aufnahmen erlauben würden.

Durch ein Tor betraten wir die freundliche Anlage. Auf Anhieb konnte ich mein neues Expertenwissen anwenden, das mir in Marienthal vermittelt worden war: Dort der Brunnen, konstatierte ich, hier die Stele, da die Statue, dort die Mittelachse des Eingangs auf den Hauptaltar – eine professionell konzipierte Anlage.

Die Kirche selbst weist einen für die Franziskaner typischen Vierer-Altar auf, der nicht auf der Mittelachse der Kirche, sondern auffällig zur Seite versetzt steht. An der Orgel spielte ein Herr in Jeans und Pantoffeln – ein Pater, wie mir mein Begleiter erklärte. Ich nickte stumm und dachte bei mir: Er sieht eher wie der örtliche Lehrer aus. Der Pater trug keine Kutte, dafür aber ein Handy, von dem er häufig Gebrauch machte.

Aha, schlußfolgerte ich im Stillen, die moderne Zeit hat also auch hinter den Klostermauern Einzug gehalten. Die Geschichte von den Jungfrauen mit den Öllämpchen kam mir in den Sinn. Damit niemand mehr das Kommen des Herrn verpassen kann, sagte ich mir, scheint es heutzutage einen kirchlich organisierten Alarmdienst zu geben – ein Rundruf per Handy, der Herr ist da, und alle wissen in kürzester Zeit Bescheid!

Nun, das waren natürlich nur laienhafte Phantasien. Das machte mir später mein Begleiter klar, indem er mich liebenswürdig korrigierte: Besagter Pater ohne Kutte tat ganz allein in der Klosteranlage Dienst, als Pförtner und Verwalter, Organist und Telefonist in Personalunion. Deshalb also das Handy: damit er auf der Orgel üben und zugleich das Kloster managen konnte …

Das Benediktinerkloster in Münsterschwarzach

Vom turmlosen Kloster Dettelbach aus sieht man schon die Türme des monumentalen Benediktinerklosters Münsterschwarzach – für mich die erste Begegnung mit einem von Benediktinern betriebenen Wallfahrtsort.

Die Anlage beeindruckt durch Größe und Pracht. Aber der Himmel wollte nicht, zum Leidwesen meines Begleiters, daß wir sie mit unseren Fotos dokumentierten: Das Gewitter hatte uns mit Donner und Sturzregen eingeholt.

Die Kirche selbst konnten wir nicht untersuchen, da dort zu dieser Stunde ein Seminar stattfand. Männer und Frauen, Ordensleute und Laien saßen einträchtig im Chorgestühl des an heroischen Baustil erinnernden Gebäudes und sangen gemeinsam. Während ich mit großem Interesse lauschte, saß mein Begleiter fassungslos neben mir. Erst als wir die Kirche verließen, da wir ja unsere Arbeiten nicht durchführen konnten, merkte ich, daß er die katholische Welt der Ordensleute nicht mehr verstand: Junge Frauen – Novizinnen, Laien – saßen kunterbunt mit den jungen Mönchen gemischt im Chorgestühl.... und sangen!

Wie um meinen Begleiter zu erlösen, zogen die Mönche kurz darauf aus dem Gotteshaus, während die Laien und anderen Sänger weiter probten.

Was nun: Sollten wir vor Ort übernachten und am nächsten Morgen an die Arbeit gehen? Das Gebäude war erst in diesem Jahrhundert neu gebaut worden, es wirkte modern, kalt, hochnäsig. Beim Umbau scheint viel Altes dem Zeitgeschmack geopfert worden zu sein. Irgendwie war ich verärgert. Mein Begleiter wäre gern geblieben. Doch auch wenn bekannt ist, daß sich Regierungsmitglieder aus Bonn in Münsterschwarzach göttliche Eingebungen abholen, war ich gegen diesen Ort eingestellt.

Also entschied ich, daß wir sofort weiterfuhren. Ohnehin wollte ich versuchen, während der Zeiten, in denen man keine Wallfahrtsorte untersuchen kann, die meisten Kilometer zu fahren, und in den günstigen Zeiten – vormittags und nachmittags – die Orte der Kraft zu dokumentieren. Hätten wir in Münsterschwarzach übernachtet, wir hätten einen halben Tag verloren.

Kloster Banz

Richtung Coburg fuhren wir nun bis Staffelstein, übernachteten dort und waren am nächsten Morgen als erste im einstigen Benediktinerkloster Banz. Gut gelaunt packte ich meine Utensilien aus, und wir durchschritten das Haupttor zur Klosteranlage, die heute von der Hans-Seidel-Stiftung betrieben wird.

Doch auch diese Anlage sorgte dafür, daß meine gute Laune rasch wieder verflog. Die Kirche durfte man zwar betreten, aber das Kirchenschiff selbst war durch ein hohes Gitter für die Besucher gesperrt. Als wären wir potentielle Diebe, vor denen man sein Hab und Gut schützen muß, konnten wir die innere Architektur dieses Gotteshauses nur durch das Gitter betrachten. Während ich diese Zeilen schreibe, bin ich immer noch verärgert über die Besucherfeindlichkeit der Betreiber von Kloster Banz. Sicherlich hätten wir jemanden bitten können, uns das Gitter zu öffnen, aber darum ging es mir nicht. Wenn ich als Gläubiger eine Kirche betrete, so soll mich keine Käfigwand von meinem Gott abhalten.

Meine Gedanken kreisten lange um dieses Erlebnis, und allmählich wurde mir klar, warum der Dienstmann in Ludwig Thomas Geschichte *Ein Münchner im Himmel*, der nach seinem Tod von Petrus beauftragt wurde, der bayrischen Staatsregierung die göttlichen Ratschläge zu überbringen, nie in der Münchner Staatskanzlei angekommen ist: Nach Thoma versackte der wackere Dienstmann im Hofbräuhaus. Ich aber glaube, daß ihm durch das Gitter in Kloster Banz der Weg nach München versperrt ist, so daß er dort niemals ankommen kann …

Mein sachkundiger Begleiter der meinen Ärger bemerkte, warb um Verständnis: Für die Absperrung gebe es gute Gründe, zum Beispiel das besonders wertvolle Chorgestühl. Meiner Ansicht nach gehören diese Eisengitter jedoch zum Sicherungssystem der Benediktiner. Absperrgitter dieser Art finden wir in zahlreichen Anlagen, die von den Benediktinern betrieben werden oder wurden – als empfänden diese Mönche die Gläubigen als lästige Störung, die man möglichst auszusperren versucht. Was Wunder, daß sich kaum ein Besucher nach Banz zu verirren scheint.

Vierzehnheiligen

Was für ein Kontrast zum düsteren, menschenleeren und verriegelten Kloster Banz: Auf der anderen Seite des Flusses liegt Vierzehnheiligen, ein prächtiger, heiterer, von Franziskanern betreuter und von zahlreichen Pilgern besuchter Wallfahrtsort.

Vom Erbauer der Kirche, Baltasar Neumann, ist der Ausspruch überliefert, er werde eine Kirche bauen, zwischen deren Türmen eine weitere Kirche Platz haben solle. Dieser kryptische Spruch bezieht sich offenbar auf die Kirche des Klosters Banz. Vielleicht hatte auch ihn das Kloster Banz geärgert? Jedenfalls ließ er die Anlage von Vierzehnheiligen so weitläufig konstruieren, daß die Kirche von vis à vis darin mühelos Platz finden würde.

Aber die Bemerkung des weisen Erbauers scheint noch tiefer zu loten: Unsere Messungen ergaben, daß Vierzehnheiligen die Kräfte der Erde von Banz – je nach dem – abzieht oder zugespielt bekommt. Die Pilger scheinen das bald schon bemerkt zu haben, wie ihre Abstimmung mit den Füßen bis heute immer wieder aufs neue beweist.

Das ist es also: Die Delegierten der bayerischen Staatsregierung tagen am falschen Platz. Göttliche Ratschläge gibt's nur in Vierzehnheiligen! Merken Sie, lieber Leser, wie nachhaltig mich die Erlebnisse in Kloster Banz verärgert haben?

Eremitage bei Bad Abbach

Weiter ging es über Bayreuth nach Regensburg und dort in die Nähe von Bad Abbach. Mein Begleiter hatte diesen abgelegenen Ort ausgesucht, um mir dort etwas vorzuführen.

In der kleinen Eremitenklause bei Bad Abbach haust auch heute noch ein Bruder der Einsamkeit. Das Kirchlein, eher eine Kapelle, steht der Öffentlichkeit offen. Schon nach wenigen Messungen stellte mein Begleiter fest, daß es sich bei dieser Eremitage um einen „heißen" Geheimtip handelt – ein Befund, der durch weitere Messungen innerhalb wie außerhalb des Kirchleins durchweg bestätigt wurde. Schon damals beschloß ich, diesen stillen Ort in meinem Buch besonders herauszustellen.

Wie man es im Leben oft erlebt – Gegensätze ziehen sich an. Schon bei unserer Ankunft fiel mir auf, daß der kleine Parkplatz vor der Klause ein beliebter Treffpunkt für Pärchen zu sein scheint. Daß diese Anziehungskraft eines so unscheinbaren Ortes tiefere Ursachen hat, wurde mir spätestens klar, als wir die Meßergebnisse meines Begleiters auswerteten. Kurz gesagt: Liebende, wollt ihr euren Genuß steigern, dann sucht die Nähe einer Eremitenklause....

Als wir nach dem Gegenpol dieser Eremitage Ausschau hielten, sprang sie uns förmlich ins Auge: eine Kirche, die in einer Entfernung von etwa drei bis vier Kilometer Luftlinie auf einem Berg steht. Rasch fuhren wir weiter zu dieser Kirche. Gehörte sie zur Klause? Welches der beiden Bauwerke diente als Sender, welches als Empfänger?

Mein Begleiter führte seine Messungen durch. Das Ergebnis: Die Kirche arbeitet (als Sender oder Verstärker) der Klause zu – darum also befindet sich dort ein Marienwallfahrtsort!

Wenn zwei ortsfremde Männer auffallendes Interesse an einer Dorfkirche zeigen, dann dauert es nicht lange, bis das örtliche Alarmsystem ausgelöst wird: Auf einmal war eine Besorgerin bei uns in der Kirche, wo sie rasch nach den Blumen sehen mußte … Recht hatte sie, denn sie konnte ja nicht wissen, daß wir wieder mehr Leute in diese besondere, heute jedoch brachliegende Kirche locken wollten.

Kloster Weltenburg

Beseligt von der Erkenntnis, daß wir am Würzburger Käppele ein geheimes Konstruktionsprinzip von Wallfahrtsorten entdeckt hatten, das sich nun hier auf dem Land zu wiederholen schien, fuhren wir weiter nach Kloster Weltenburg a.d. Donau.

Auch dort fanden wir das Grundprinzip bestätigt: die Hauptkirche (Kloster) am Ufer der Donau, die „Zukirche“ auf dem Berg. Tatsächlich soll die Klosterkirche aus der Zeit des heiligen Rupert (700 n. Chr.) stammen, aus jener Epoche also, in der das Wissen um die Kräfte der Erde zielstrebig in christlichen Sakralbauten umgesetzt wurde.

Dennoch lehne ich es ab, Kloster Weltenburg in dieses Werk aufzunehmen. Mag sein, daß ich damit diesem Ort der Alkoholverehrung unrecht tue, aber die Wallfahrtsorte der Biertrinker haben in einem Buch über die Heilkraft der Kirchen nichts verloren. Das gilt also auch für Kloster Andechs, das Paradies der Starkbierpilger.

Rohr

Durch Felder und Hügel fahrend, erreichten wir bald darauf den kleinen Ort Rohr mit seiner sehr schönen Wallfahrtskirche. Erstmals wurde mir hier ein offenbar süddeutsches Phänomen bewußt, das mir früher kaum aufgefallen war: Stifter, Gründer, Adelige erwarben seinerzeit anscheinend das Privileg, mit ihren Gebeinen, die mit wertvollem Geschmeide dekoriert wurden, einen Altar verzieren zu dürfen. Für Übertreibungen dieser Art scheint mir Rohr ein ausgesprochen trauriges Beispiel zu sein.

Gehen wir davon aus, daß der Altar ein heiliger, überragender Ort in einer Kirche ist, dann gehören die Überreste von Menschen, die in ihrem Leben mit Gewißheit große Sünder waren, sicherlich nicht als Dekoration dorthin. Wie läßt sich erklären, daß der Katholizismus hierfür ganz und gar unempfindlich zu sein scheint?

Tote gehören unter die Erde – wie vor einigen Jahren auch die Verantwortlichen der russisch-orthodoxen Kirche im Hinblick auf den Leichnam Lenins erklärten, der Jahrzehnte nach Ableben des Staatsgründers noch immer im Mausoleum am Roten Platz aufgebahrt lag. Ich teile diese Meinung der Moskauer Popen: Wenn man – wie in der Kirche in Rohr – vor einem Totenschädel steht, dem sogar ein Stück von einer Strumpfhose übergestreift wurde, damit die heiligen Gebeine unter der Last der Juwelen nicht auseinander fallen, dann muß man schon tiefgläubig sein, um solches Treiben widerspruchslos zu akzeptieren.

Während wir uns in der Wallfahrtskirche umsahen, schlurfte ein alter Frater heran. Ein ärgerlich dreinblickender Guardian wies ihn an, das Taufbecken mit Wasser zu füllen, und tadelte „brüderlich" den alten Mann. Gut, daß mein Begleiter die Szene genauer beobachtete, sonst wäre ich wahrhaftig noch ausgeflippt: Das Taufbecken wurde mit Wasser aus der Herrentoilette aufgefüllt! Es war soeben repariert worden, beruhigte mich mein Begleiter, und nun wollte man prüfen, ob es wieder dicht und folglich bereit war, neues Weihwasser aufzunehmen.

Unschön blieb es dennoch zu sehen, wie der Guardian den alten Frater tadelte und herumkommandierte. Mein Begleiter jedoch verstand es, mit einem Mönchstrick den Guardian von dem greisen Bruder abzulenken …

Altötting

In Altötting machten wir uns am folgenden Morgen an die Arbeit. Es war ein heller, heiterer Tag mit strahlend blauem Himmel. Altötting, diese Perle der bayrischen Wallfahrtsorte, ist noch heute ein Eldorado für das große Geschäft mit den Pilgern, wenn auch sicher nur ein kleiner Abklatsch des heiligen Rummels, der im Mittelalter etwa in Santiago de Campostella in Spanien veranstaltet wurde.

Mit seiner barocken Dekoration ähnelt Altötting dem Wallfahrtsort der Benelux-Katholiken, Kevelaer am Oberrhein. Praktisch Tag und Nacht belagern Bittsteller die Marienkapelle, die sie mit ein Kilo schweren Holzkreuzen umrunden – eine fromme Handlung, die mir etwas mehr imponiert hätte, wenn diese Büßer sich unter hundert Kilo schwere Kreuze beugen würden. So aber drängt sich der Eindruck auf, daß es den meisten mehr um Show als um wirkliche Sühne geht.

Mittlerweile routiniert in der Messung und Dokumentation von Wirkungen und Stätten, gelangten wir durchweg zu den erwarteten Ergebnissen. Gäbe es eine Rangliste für Wirkungen in Wallfahrtsorten, dann wäre Altötting ein Platz im oberen Bereich gewiß.

In der Kapuziergruft der Kirche allerdings packte meinen Begleiter das Entsetzen. Dort hatten die Brüder ihre sterblichen Überreste in marmornen Gruftkammern bestatten lassen. Warum gerade dort? Hofften sie etwa, am Jüngsten Tag, wenn alle anderen sich aus schmutzigem Erdreich, aus Lehm und Dreck erheben werden, sauberen Fußes vor dem Jüngsten Gericht erscheinen zu können?

Klosterlechfeld

Die Fahrt von Altötting über München nach Landsberg wurde zur Wallfahrt modernen Stils: Stau bei München, so daß wir trotz großzügiger Zeitplanung erst mit einer Stunde Verspätung in Klosterlechfeld ankamen. Dort trafen wir uns mit einem Bekannten, dem wir unsere Meß- und Dokumentationsmethode demonstrieren wollten: mein Begleiter messend, ich fotografierend, durch Handzeichen uns verständigend, gelegentlich eine Frage meinerseits....

Doch unsere Routine wich rasch einer handfesten Sensation: Klosterlechfeld, diese kleine, heute wenig beachtete Anlage, hat auf verweilende Besucher eine stärkere Wirkung als Altötting! Die Erbauer hatten perfekt geplant, und noch heute sind die äußeren Merkmale des Grundkonzepts – Ausrichtung der Kirche, dekorative Ergänzungen, ja sogar Verstärker der auftretenden Effekte – vorhanden und intakt. Auch das System der Linien im Inneren der Kirche läßt sich noch klar identifizieren. Außerhalb erkennt man anhand des Pflanzenwuchses mit bloßem Auge die Störzonen, an deren Grenzen sehr alte, daher mächtige, jedoch total verwachsene Bäume stehen.

Wo aber befanden sich die Sender und Verstärker für diese Klosterkirche? In der Ebene des Lechs war diesbezüglich nichts zu entdecken, zumal der Rundblick durch Bebauung weitgehend versperrt war. Doch nach näherer Untersuchung fanden wir auch hier die maßgeblichen Punkte, die Sie in der Fotodokumentation ausführlicher beschrieben finden.

Ottobeuren

Aus Richtung Landsberg kommend, fuhren wir von der Bundesstraße ab und auf Ottobeuren im Tal zu. Auf einmal sahen wir eine Kapelle links oberhalb der Straße – in Sichtweite der Klosterkirche von Ottobeuren. Spontan beschlossen wir zu stoppen und machten uns zu Fuß (ich widerwillig, denn ich bin kein Freund von viel körperlicher Bewegung) auf den Weg, um den Platz zu untersuchen. Kein Zweifel, die Stätte gehörte zur Anlage von Ottobeuren: Von der Kapelle aus verläuft eine Kraftlinie zum Hauptgebäude im Tal. Die Frage war nun: Dient der Ort mit der Kapelle als Sender oder als Empfänger?

Aufgrund der heutigen architektonischen Verhältnisse scheint die Antwort nahezuliegen: Das Kloster muß der Empfänger sein. Tatsächlich verhält es sich auch so; allerdings könnten die Gründer ursprünglich den Hügel, auf dem heute die Kapelle steht, als Zentrum ausersehen haben: In früherer Zeit hatte hier eine Burg gestanden, und die Kapelle wurde erst sehr viel später errichtet.

In der Kirche von Ottobeuren, wo wir kurz darauf eintrafen, war es nun keine Kunst mehr, die Orte der Kraft zu bestimmen. Hätte ich zu diesem Zeitpunkt mit meinem Begleiter nicht schon ein Dutzend Wallfahrtsorte untersucht, so wäre ich vielleicht auf die Idee gekommen, daß er sich vom Fußbodenmuster beeinflussen ließ. Denn der Boden der Hauptkirche ist vor langer Zeit so auffällig wie sachkundig markiert worden.

Wie jedoch die Messungen ergaben, wichen die tatsächlichen Kraftlinien von den Mustern im Boden und von den Orientierungspunkten in den Dekorationen ab. Wie war das zu erklären? Erst als wir die Kirche verließen und von außen einen Blick in die Kellerräume der Basilika werfen konnten, wurde uns die Ursache dieser Abweichungen klar:

Lange nach dem Bau der Kirche waren im Untergeschoß Ausbauten und sonstige Veränderungen vorgenommen, beispielsweise Rohrleitungen für Heizungen, Klimaanlagen usw. verlegt worden. Diese Einbauten können zwar nicht den Gesamteffekt verändern, aber einzelne „Strahlen“ ablenken. Daher funktioniert das Grundprinzip zwar bis heute; künftig aber sollten Spezialisten stets in Betracht ziehen, daß aufgrund solcher baulichen Veränderungen die alten Markierungen innerhalb der Kirchen von den tatsächlichen Kraftlinien abweichen können.

Während wir vor der Basilika standen, debattierten wir auch abermals die Frage nach den Energiezulieferern für diese mächtige Hauptkirche. Jene kleine Kapelle konnte doch nicht der einzige Sender für eine derart große Anlage sein? Aber von der Basilika aus konnten wir keine weiteren Sender erkennen.

Also fuhren wir die Hügel in der Umgebung ab. Was wird dabei wohl herauskommen, dachte ich mir im stillen; immerhin wurden wir von unserem Gast begleitet, dem wir vorab unser System übermütig erklärt hatten. Nun aber schien uns der berüchtigte Vorführeffekt zu ereilen:

Auf dem ersten Hügel war außer einem Parkplatz für UFOs, den witzige Zeitgenossen ausgeschildert hatten, nichts Außergewöhnliches zu entdecken. Vielleicht hatte hier vor Jahrhunderten eine Anlage gestanden, von der nur Lokalhistoriker wissen, wir jedenfalls fanden nichts. Auch auf dem nächsten Hügel wurden wir nicht fündig, also weiter, die Straße entlang – und plötzlich standen wir vor einer alten Kirche.

Eine protestantische Kirche inmitten dieses katholischen Kernlandes? Von einer Bäuerin erhielten wir den Schlüssel, traten ein und begannen mit unserer Untersuchung. Schon nach wenigen Minuten war klar, daß uns ein weiterer Volltreffer geglückt war: Diese Kirche war in alter Zeit angelegt worden, um der Hauptkirche einige Kilometer weiter unten im Tal Energie zuzusenden. Tatsächlich konnten wir von hier aus gerade noch die goldenen Kugeln der Basilika von Ottobeuren erkennen.

Ein direkter Sichtkontakt demnach – und eine erstaunliche Ironie der Kirchengeschichte: Seit Jahrhunderten beten die Protestanten dieser Gemeinde ihren katholischen Freunden im Tal „Kraft“ zu …

Rot an der Rot

Am Berghang liegt das Kloster, in dessen Umkreis ein kleines Dorf entstanden ist. Mit inzwischen geübtem Blick für die Technik der Kirchenerbauer erkannten wir sofort den Gegenpol, die zugehörige zweite Kirche: Unübersehbar erhob sie sich in vielleicht zwei Kilometer Entfernung. War diese Kirche der Sender oder der Empfänger? Das ließ sich aus der Ferne nicht bestimmen. Wir entschieden uns, zuerst die mutmaßliche „Zukirche“ zu untersuchen, bevor wir in die Klosterkirche gehen würden.

Die Innengestaltung dieser Zweitkirche überraschte uns. So etwas hatten wir in diesem abgelegenen Tal nicht erwartet: Eindeutig waren wir auf ein Grundkonzept der Johanniter gestoßen, möglicherweise sogar auf eine ehemalige Zentralkirche der alten Bruderschaften der Johanniter in Süddeutschland. Jedenfalls könnte diese Kirche ein Insidertip für christliche Mystiker und alle diejenigen sein, die von Rittern, dem Gral und edlen Werken träumen: Vom Typ her handelt es sich eindeutig um eine Johanneskirche, auch wenn heute dort ein anderer Heiliger verehrt wird.

Die Messungen ergaben, daß es sich um den Hauptort des Tals handelt. Also hatte der erste Augenschein (wieder einmal) getrogen: Die Klosterkirche dient als Sender. Vor meinem geistigen Auge entstand das Bild einer geheimen Bruderschaft im Kloster von Rot. Die Betenden in der Klosterkirche arbeiteten den Praktiker in dieser Kirche zu, das stand für uns fest. Auch die Tatsache, daß die gesamte Inneneinrichtung, selbst der Altartisch, aus Holz gefertigt war, belegte unsere Analyse: Man hatte mit Absicht steinerne Störstellen vermieden, um beim Beten in den vollen geistigen Genuß und zur Erleuchtung zu gelangen.

Als wir uns anschließend der Klosteranlage von Rot selbst zuwandten, stellten wir folgendes fest: Außerhalb der Kirche gibt es eine Reihe von energetischen Punkten und Gegenpunkten, die mit Kreuzgruppen, Brunnen und Statuen markiert sind. Aufgeregt lief mein Begleiter in dieser Anlage umher: Wie er feststellte, waren die Hauptkirche des Klosters und jene alte Johanneskirche in der Tat perfekt aufeinander abgestimmt.

Ochsenhausen

Einige Kilometer weiter liegt Ochsenhausen, eine riesige und prachtvolle Anlage, die heute noch von Macht und Reichtum der hier ansässigen Mönche zeugt. Routiniert vermaßen und fotografierten wir, bestimmten Achsen, Punkte und Kontrapunkte.

Wieder stießen wir auf zur Schau gestellte Knochen und fuhren um so eiliger wieder davon. Schließlich befanden wir uns auf einer Rallye, wenn auch auf einer Rennfahrt zu Ehren Mariä …

Steinhausen

Das oberschwäbische Steinhausen ist kein Wallfahrtsort; die dortige Kirche ist dennoch bemerkenswert: Dominikus Zimmermann ließ diese Kirche auf einer besonderen Verwerfung errichten. Er war in das geheime Wissen offenbar eingeweiht worden – aber von wem? Eines Tages wird es ans Licht kommen.

Genau auf dieser Kraftlinie steht in einigen Kilometern Entfernung eine weitere Dorfkirche – und vermutlich ist es dieselbe Linie, auf der auch das Kloster Rot und Ottobeuren und dann Steingaden mit der von Zimmermann erbauten Wieskirche stehen, eine der am stärksten frequentierten Kirchen im Süden.

Während wir unablässig weiter maßen, dokumentierten und zuordneten, wurde unsere Wallfahrtstour für uns mehr und mehr zur Tortur. Erschöpfung und Überdruß kamen auf, denn die Muster wiederholten sich, wodurch unser System wieder und wieder bestätigt, zugleich aber unsere Arbeit vollends zur monotonen Routine wurde.

Längst hatte ich begonnen, darüber nachzudenken, daß sich all diese scheinbare Vielfalt auf zwei bis drei typische Anlagen reduzieren ließ, die seinerzeit je nach den örtlichen Gegebenheiten ein wenig abgewandelt wurden. Aufgrund von Umbauten, die fast an jeder Anlage im Lauf der Jahrhunderte vorgenommen worden waren, und der Besiedlung in der Umgebung sind diese Grundtypen heute nicht mehr ohne weiteres zu erkennen. Doch wenn man binnen einer Woche zwei Dutzend Wallfahrtsorte besichtigt, fallen einem die Grundprinzipien unweigerlich ins Auge.

St. Gallen

Von Süddeutschland gelangten wir rasch nach St. Gallen in der Schweiz. Von der alten Klosteranlage sind heute nur noch einige Andeutungen zu sehen. Durch Besiedelung schrumpfte dieses ursprünglich sehr weitläufige, auf einer keltischen Kultstätte errichtete Kloster zu einem Bruchstück seiner einstigen Größe.

Zuletzt wurde das Kloster von Benediktinern betrieben, doch dann schnitt die Reformation die Mönche von jeglichem Hinterland als Pfründe ab, so daß das Kloster aufgegeben werden mußte.

Heute beanspruchen die reformierten Gläubigen die eigentliche Hauptkirche der Kraft für sich – vermutlich ohne zu ahnen, was es mit der nach außen eher unscheinbaren Kirche St. Laurenzen auf sich hat. Sie verfügt zwar über nur einen Turm, aber von den beiden Türmen der Kathedrale führt eine Linie direkt auf St. Laurenzen zu und schneidet sie im Bereich des Außenmauerwerks vor dem Hauptportal.

Uns war natürlich bewußt, daß wir in St. Gallen auf dem geschichtsträchtigsten Boden des Katholizismus standen. Aber die Reformation hat dort ihre Spuren hinterlassen, ebenso wie in Norddeutschland, wo alle in der Dekoration verborgenen Hinweise auf innerkirchliche Orte der Kraft entfernt worden sind.

Maria Einsiedeln und Zürich

Von St. Gallen reisten wir weiter nach Maria Einsiedeln im Herzen der deutschsprachigen Schweiz, wo wir die üblichen Arbeiten durchführten, und dann am Zürichsee entlang. Mit geschultem Blick entdeckten wir, daß auch dort am See bestimmte Kirchen ihr Pendant am anderen Ufer haben. Unser Etappenziel aber war das Frauenmünster in Zürich.

Nachdem wir uns durch das Verkehrsgewühl gekämpft hatten, standen wir endlich auf der kleinen Anhöhe: unter uns der Limmat und auf der anderen Seite die Peterskirche. Dieses kirchliche Duo ist vom selben Typ wie die Anlage Kloster Banz – Vierzehnheiligen: zwei Kirchen beiderseits eines fließenden Gewässers.

Jungingen und Weggental

Auf dem Weg nach Hechingen – genauer gesagt, zu dem Wallfahrtsort Weggental – stießen wir auf einen kleinen Ort namens Jungingen. Ein weißes Schild wies auf eine Wallfahrtskirche hin, und obwohl der Ort nicht auf unserer Liste stand, riß ich das Steuer herum und fuhr den Weg bis zu einer kleinen Dorfkirche hinauf. Wir wußten nicht recht, ob sich dieser Abstecher lohnen würde. Doch immerhin galt Jungingen als Wallfahrtskirche.

Und da sie am Wege lag, würden wir auch sie vermessen und dokumentieren.

Überrascht stellte mein Begleiter kurz darauf fest, daß alle Messungen in dieser Kirche positiv ausfielen. Ähnlich hervorragende Ergebnisse hatten wir auf der ganzen bisherigen Reise nur in Bad Abbach in der Kapelle des Eremiten registriert.

Wie ließ sich das nun wieder erklären? Überraschung und Neugierde mobilisierten in uns ungeahnte Energiereserven. Die Einheimischen vor Ort schienen überhaupt nicht zu ahnen, was für ein Juwel sie in ihrer Mitte hatten. Anders die Kirchenoberen: Nicht zufällig wurde Jungingen während des letzten Krieges als Ersatz-Pilgerort genutzt, solange man nicht nach Maria Einsiedeln in der Schweiz reisen konnte.

Nachdem unsere Arbeit im Innern der Kirche abgeschlossen war, richteten wir unser Augenmerk auf Außenanlagen und Umgebung. Auf dem benachbarten Hügel erhob sich ein auffälliges Bauwerk, ein turmartiges rotes Backsteingebäude, das offenkundig in irgendeiner Beziehung zur Kirche stand. Aber das konnte noch nicht alles sein.

Auf den ersten Blick waren jedoch keine weiteren Bauwerke, die als Sender in Betracht kamen, zu sehen. Also machten wir uns auf den Weg nach Hechingen, und siehe da: Nach wenigen Kilometern grüßte uns eine Kirche links von einem steilen Berg herab.

Das Dorf dort oben hieß Beuren. Auffälliger noch als die Kirche erhob sich am Ortsrand eine Art schwäbisches Stonehenge. Was jedoch auf den ersten Blick an einen antiken Kultplatz erinnerte, entpuppte sich bei näherer Untersuchung als neuzeitliche Anlage, die der Leibarzt Bismarcks um die letzte Jahrhundertwende gestiftet hat!

Warum das? Sicherlich nicht allein deshalb, um der Bevölkerung einen Sonnwendfeierplatz zu schenken. Mein Begleiter untersuchte den Platz, und wie seine Messungen ergaben, muß dieser Leibarzt Bismarcks in das alte Wissen um die Kräfte der Erde eingeweiht gewesen sein. Auffällig war auch, daß die Kirche von Jungingen von diesem Feuerplatz aus zu sehen war, also wohl einen bedeutsamen Punkt markierte.

Doch das war noch lange nicht alles: In Sichtweite erhob sich die Burg Hohenzollern. Sofort verfielen mein Begleiter und ich auf dieselben Idee: Bestand ein Zusammenhang zwischen der Burg, diesem Platz in Beuren und der Wallfahrtskirche in Jungingen?

Wir benötigten genauere Karten der Gegend. Doch zunächst fuhren wir über Hechingen hinaus bis Weggental, wo wir die Wallfahrtskapelle und die Kirche vermaßen und fotografierten. Das erwies sich wieder als reine Routine: ein Wallfahrtsort vom Typ Altötting oder Kevelar, nur erheblich kleiner; Hauptkirche, Brunnen, Kapelle; letztere zu einem Meditationsraum umfunktioniert.

Kaum waren wir fertig, fuhren wir nach Hechingen zurück, um uns eine Karte der Gegend zu besorgen. Auf einem überfüllten Parkplatz in der Stadtmitte angelangt, fanden wir sofort eine freie Parkbox. „Also, wenn ich katholisch wäre", scherzte ich, „würde ich sagen: Maria hat geholfen."

Mein Begleiter, solcher Scherze ein wenig überdrüssig, verdrehte die Augen. In diesem Augenblick sprach mich eine Dame von hinten an: „Wie lange wollen Sie hier stehenbleiben?"

O Gott, dachte ich, jetzt habe ich irgend etwas falsch gemacht. „Ja, wir wollen nur Kaffee trinken", entgegnete ich irritiert, worauf die gute Frau erwiderte: „Ich habe hier einen Parkschein, der reicht noch für eine Stunde – wollen Sie ihn haben?"

Sprachlos sah ich meinen Begleiter an, und mein Blick signalisierte: Also hilft Maria uns doch?

Nachdem wir eine Generalkarte besorgt hatten, gönnten wir uns zur Feier des Tages Kaffee und Kuchen in einem Café. Beim Studium der Karte erkannten wir rasch, daß die Burg Hechingen ein Zentrum bildet, um das herum fast kreisförmig Kirchen (heute ihrerseits als Mittelpunkte von Siedlungen) angeordnet sind, darunter auch Jungingen. Das Ganze war ursprünglich wohl eine antike Kultanlage vom Typ der keltischen Cromlechs.

Da stieg ein Verdacht in mir auf: Schöpften die alten Hohenzollern hieraus ihre Kraft – aus dem Umstand, daß sie im geheimen Zentrum eines Cromlechs lebten? Tatsächlich war für sie die Welt in Ordnung, solange sie in Hechingen residierten war. Büßten sie ihre Kraftquelle womöglich ein, als sie nach Berlin umsiedelten, wo sie Könige und Kaisers stellten? Was für abgründige Gedanken …

Baden-Baden

Die Wallfahrtskapelle von Baden-Baden, unserer nächsten Etappe, zu finden erwies sich als gar nicht so einfach. Nach einigem Suchen fragten wir eine ältere Dame, die uns glücklicherweise den Weg weisen konnte.

Die Kapelle steht auf einer Anhöhe; die ganze Anlage ist offensichtlich vom Typ Annaberg. Entweder dient die Kapelle als Energiezulieferer für das im Tal liegende Kloster oder als Punkt innerhalb eines anderen, bisher in Baden unbekannten Cromlech-Systems – ein Gedanke, auf den wir durch die Anordnung der umliegenden Berge gelangten.

Außer uns gab es keine Besucher weit und breit. In Ruhe konnten wir unsere Untersuchungen durchführen, die jedoch keine besonderen Meßergebnisse erbrachten.

Wormser Dom

Trotz zunehmender Müdigkeit fuhren wir noch am selben Tag weiter bis Worms. Dort übernachteten wir in einem Hotel und suchten gleich am nächsten Morgen den Dom auf.

Dieses Bauwerk ist so häufig um- und ausgebaut worden, daß manches von den ursprünglichen Anlagen heute stark verändert ist. Wie unsere Messungen ergaben, wurde durch diese baulichen Änderungen auch die ursprüngliche Konzeption der Kraftwirkungen beeinträchtigt. Trotzdem konnten wir die Grundstruktur ohne Schwierigkeiten identifizieren: Nach wie vor ist dieser Dom ohne Zweifel zum kräftigenden Verweilen hervorragend geeignet. Insbesondere die Wallfahrtskapelle im Dom ist nach unseren Meßergebnissen noch gänzlich intakt.

Vorsicht ist jedoch im Umkreis des Doms geboten: Das Bauwerk steht einerseits auf einer Kraftlinie, andererseits gehen von dort viele Störstellen aus; das ursprüngliche Gleichgewicht zwischen beiden besteht heute nicht mehr.

Unser Eindruck: Für Laien nicht unbedingt empfehlenswert; für Experten und Kenner sehr effizient – aber Obacht!

Maria Laach

Nachdem wir Worms verlassen hatten, wurde unsere Stimmung fröhlicher, nicht aufgrund der dortigen Einflüsse, sondern weil es nun heimwärts ging. Unser nächstes Ziel, Maria Laach, sollte zugleich der vorletzte Wallfahrtsort auf unserer Tour sein.

Schon die Anzahl der Kirchtürme in Maria Laach verriet uns, daß es mit diesem Ort etwas Besonderes auf sich haben muß. Auch die weltliche Verwaltung der Anlage wirkte außerordentlich ausgeschlafen: „Parken 2 DM – Fotografieren im Dom verboten – kaufen Sie Produkte der Klostergärtnerei …“

Obwohl Benediktiner die Anlage betreiben, fanden sich hier keine Absperrgitter, um den Gläubigen auf Distanz zu halten. Jedoch sahen wir auf dem Weg vom Parkplatz zur Kirche eine kleinere Kapelle links oben an einem Berghang, die für Besucher unzugänglich war. Abermals reagierte ich sauer: Warum schließen die Benediktiner von Maria Laach die Gläubigen von diesen Räumen der Andacht aus? Das kann ich ebensowenig akzeptieren wie das Verhalten der protestantischen Geistlichkeit, die ihre alten Kirchenbauten dem kirchensteuerzahlenden Volk nur stundenweise öffnet. Mir ist bewußt, daß ich mir durch diese Bemerkung keine Freunde machen werde. Aber wenn meine Kritik dazu beiträgt, daß mündige Gläubige endlich einmal aufstehen und sich den Zugang zu bislang gesperrten Verweilräumen erzwingen, dann bin ich schon zufrieden.

Die Klosterbuchhandlungen, die ich grundsätzlich an allen Orten besuchte, erwiesen sich oftmals – vor allem, wenn man mehr in den verstaubten Ecken sucht – als wahre Fundgruben für gebundene Schätze; so auch in Maria Laach. Nachdem ich nun doch noch etwas Positives über diese Benediktiner-Anlage gesagt habe, können wir weiter fortschreiten zur letzten Station unserer Reise.

Münstereifel

Abseits und einsam auf einem Berg wie eine Festung ist Münstereifel gelegen, ein Wallfahrtsort zu Ehren des Erzengels Michael. Dort konnten wir nur von außen messen, weil die Kirche verschlossen war. Aber ich vermerke diesen Umstand ohne kritischen Unterton: Die einsame Lage der Kirche macht solche Vorsichtsmaßnahmen zwingend erforderlich.

Der Platz selbst entspricht dem Typ Annaberg. Die Messungen zeigten, daß es dort sehr starke Störzonen gibt. Bedingt durch Wiederaufbau, Restauration oder Änderungen der Besitzverhältnisse im Umkreis, dürften die Nebenanlagen zerstört worden sein, so daß die Störzonen heute nicht mehr entschärft sind.

Ein Foto konnten wir schließlich doch noch durch das Schlüsselloch der Kapelle des heiligen Michael schießen. Ob wir beide ein wenig dazu beigetragen haben, daß künftig mehr

Gläubige durch Schlüssellöcher spähen werden – auf der Suche nach den Geheimnissen der alten Kirchen?

***

Endlich, nach fast 2500 Kilometern „Rallye Santa Maria“, trafen wir wieder zu Hause ein. 760 Fotos hatte ich angefertigt, einen Karton voller Postkarten, Beschreibungen, Pläne und Bücher im Kofferraum – und wir hatten fürs erste mehr als genug Kirchen und Wallfahrtsorte, Mönche und Priester gesehen.

Sinn und Zweck dieses Unternehmens bestanden darin, zu messen und zu dokumentieren und die Technik der Architekten der heiligen Wallfahrerkultur zu typisieren. Jedoch sollten Sie, liebe Leser, wenn es Ihnen um die Heilkraft der Kirchen zu tun ist, eine solche Fahrt besser nicht unternehmen.

Dagegen möchte ich jedem empfehlen, die alten Kultplätze und die alten Kirchen – also die Anlagen, die deutlich vor 1500 n. Chr. gebaut wurden – in seiner unmittelbaren Umgebung zu erkunden. Das können Sie ohne großen Aufwand am Wochenende leisten. Wer in reformierten Gebieten wohnt, muß vielleicht etwas länger und umständlicher in Archiven suchen, aber keine Sorge: Dort gibt es ebenso heilsame Orte der Kraft wie in Regionen mit blühender Wallfahrerkultur.

Abbach

Eremitage – Gegenpol: Dorfkirche

Vermutlich weiß kaum jemand in der Umgebung von Bad Abbach oder gar in Regensburg, der nächsten größeren Stadt, von der Bedeutung dieses Platzes, auf dem heute eine Einsiedelei steht.

Seine Wirkung beruht auf einem Phänomen der Erdkräfte, die hier aus dem Hang dringen und durch die kleine Kirche hindurch weiter auf die Dorfkirche gerichtet sind. Außerhalb der Kapelle erkennt man auch einen Turm, der in Abbach gebaut wurde. Das „heilige Dreieck", in dem sich die Erdkräfte konzentrieren, ist hier besonders groß und wird aus den genannten Punkten gebildet.

Die kleine Einsiedelei und die Kapelle bilden zusammen den Platz, zu dem man pilgern sollte, wenn man Liebes-Herzschmerz und Herzeleid verspürt.

Abbach: Kapelle vom Typ B 2 – Gegenpol Dorfkirche: Typ A

Atmosphäre: wohlwollende Wärme und Liebe

Wirkung der Einsiedelei-Kapelle

- Linderung seelischer Schmerzen durch Liebeskummer, Verlust (Tod) eines geliebten Menschen oder unerfüllte Liebe
- Linderung psychosomatischer Beschwerden wie Kopfschmerz oder Herzprobleme

Der Aufenthalt in der Kapelle und in der Umgebung der Einsiedelei ist wirklich sehr empfehlenswert für alle, die es „mit dem Herzen" haben. Wer keinerlei Probleme hat, sollte mit seinem oder seiner Liebsten hierher kommen und hier vielleicht sogar eines Tages heiraten, falls dies möglich ist.

Häufiges Verweilen in der Kapelle verstärkt alles, was mit Gefühlen zu tun hat!

Wirkung der Dorfkirche

- Abbau von Aggressivität, Unruhe und Ungeduld
- Normalisierung von hohem Blutdruck
- Linderung von Magenproblemen

Im Inneren orteten wir eine Linie, die direkt auf die Kapelle im Tal weist. Die Fliesen des Bodens machen es leicht, den Punkt zu identifizieren, auf dem Sie bei Magenproblemen verweilen sollten.

Anwendung in der Einsiedelei-Kapelle

- Sie können diesen Ort zu jeder Tageszeit aufsuchen. Auf den folgenden Fotos finden Sie die Punkte markiert, an denen Sie verweilen sollten, wenn Ihnen dies kraft innerer Eingebung als ratsam erscheint.
- Spezielle Regeln sind nicht erforderlich, da Ihnen an diesem Ort nur Gutes widerfahren kann.
- Eine Besonderheit innerhalb der Kapelle ist durch ein Gesangbuch auf dem Boden markiert. Diesen Kreuzungspunkt, etwa auf halbem Weg zwischen der Marienfigur und der ersten Bankreihe, nennen wir „Romeo-und-Julia-Punkt“. Erraten Sie, warum?

Praxistip

Beide Kirchen sind nur wenig besucht. Sie können sich also ungestört dort aufhalten und vor allem in der Kapelle des Eremiten die Seele baumeln lassen.

Hinterlegen Sie einen geringen Geldbetrag als kleinen Dank und Beitrag für Reinigungskosten usw. Niemand fragt dort danach oder hält die Hand auf. Das sollte anerkannt werden.

Die Madonna des Herze- oder Liebesleids? Das ist die Frage.

Der absolute Punkt der aufbauenden Kraft in der Kapelle des Eremiten

Der aufbauende Kraftstrahl verläuft durch die Kapelle zur Dorfkirche hin.

Blick auf die Dorfkirche mit dem Verlauf der Kraftlinie

Ort der aufladenden Kraft in der Dorfkirche

Ort der aufladenden Kraft in der Dorfkirche

Ort der aufladenden Kraft in der Dorfkirche

Altötting

Gnadenkapelle – Stiftspfarrkirche – St. Magdalena – Basilika St. Anna – Gegenpol: Mariae Heimsuchung in Unterholzhausen

Zentraler Punkt der Wallfahrt in Altötting ist die seit 700 n. Chr. bekannte Achteckkirche, die auf einen besonderen Platz hinweist. Offiziell galten Oktogonbauten als Stätten, wo die heilige Taufe vollzogen wurde. Achteckige Kapellen finden wir auch im heiligen Land; ein weltberühmtes Beispiel ist die Hagia Sophia, ursprünglich Krönungskirche der oströmischen Kaiser, in Konstantinopel (heute Istanbul). Auch der Tempelritterorden bevorzugte diesen Baustil und nutzte Achteckkirchen als Einweihungsstätten. Manches Geheimnis rankt sich gerade um die Oktogonbauten der Christenheit.

Die heutige Tradition von Altötting entstand im 17. Jahrhundert, als allenthalben Wallfahrtsorte – auch als Einnahmequellen – kreiert wurden.

Altötting: Anlage vom Typ C
Das Bauwerk mit der Hauptwirkung – die Stiftskirche – entspricht ihrer Bedeutung nach Typ 2 (zwei Türme)

Atmosphäre: Hier ist die Welt in Ordnung

Der Verlauf der Kraftlinien

Ihre zwei Türme weisen die Stiftskirche südlich der Gnadenkapelle als Hauptort der Anlage aus. Die Basilika (erst 1912 geweiht!) wurde von offensichtlich sachkundigen Bauherren in der richtigen Linie ausgerichtet, wodurch sie von der Anlage am Kapellenplatz profitiert.

Die Kraftlinien verlaufen wir folgt:

- Gnadenkapelle – Stiftskirche
- Gnadenkapelle – Marienbrunnen – St.-Anna-Kirche (heute Bruder-Konrad-Kirche)
- Marienbrunnen – Päpstliche Basilika

Der Vorplatz vor der Kapelle – hinter dem Gnadenaltar – wurde in Altötting mit der St.-Magdalenen-Kirche überbaut (anders als in Kevelaer, wo ein entsprechender Platz mit Sitzbänken für die Gläubigen versehen ist). Genaugenommen wurde hier der Platz der Heilkraft überdacht.

Wenn Sie vor dem Haupteingang zur Gnadenkapelle stehen, denken Sie sich eine Linie, die durch die Kapelle hindurch und in die St.-Magdalenen-Kirche hineinführt. Auf dieser Kraftlinie des Heils sind alle Schnittpunkte mit Taufbecken, Altären und Kanzel sehr wirkungsvoll.

Nun drehen Sie sich um 180 Grad und schauen vom Eingang der Gnadenkapelle auf den Marienbrunnen. Dies ist eine der Linien des „heiligen Dreiecks“ in Altötting. Eine aus der Magdalenenkirche durch die Gnadenkapelle gehende Linie führt geradewegs auf den Marienbrunnen zu.

Auf dem Kapellenplatz gibt es zwei „heilige Dreiecke“:

- Gnadenkapelle – Marienbrunnen – Bruder-Konrad-Kirche – Gnadenkapelle und
- Gnadenkapelle – Marienbrunnen – Stiftspfarrkirche – Gnadenkapelle.

Eine direkte Linie führt von der Gnadenkapelle zur Stiftskirche.

Die Stiftskirche weist eine Besonderheit auf: Ihre Säulen sind nach dem Muster plus – minus – plus – minus usw. gepolt. Besondere Wirkungen erzielen Sie in der Stiftskirche, wenn Sie sich auf einer Sitzbank genau in die Mitte zwischen zwei Säulen setzen.

Ihre Hauptwirkung entfaltet die Anlage in der Sommerzeit zwischen Ostern und Oktober, also zwischen den Tagundnachtgleichen 21.3. und 21.9.

Wirkungen in der Gnadenkapelle

Umrundet man die Kapellenanlage, so setzt man sich einem Wechselbad der Kräfte aus, wodurch die Seele gleichsam durchgerüttelt wird. Wirkungen im besonderen:

- Linderung von schweren Schuldkomplexen
- Linderung von Leiden aufgrund von Schuldkomplexen und Versündigungsideen
- Linderung von Eßstörungen

Wirkungen in der Stiftspfarrkirche

- Umpolung in Richtung einer optimistischen, zuversichtlichen Stimmung mit Festigung der Psyche
- allgemeine Seelendusche zur Erzeugung von Glücksgefühl und Zufriedenheit

Setzen Sie sich auf einen Platz genau in die Mitte zwischen den Säulen.

Wirkung in St.-Magdalenen-Kirche und Päpstlicher Basilika

- psychische Rekonvaleszenz

Mariae Heimsuchung

Zwar bilden die Kapelle und die umliegenden Kirchen eine Einheit, trotzdem sollten Sie den etwa 3–4 Kilometer entfernten Kraftsender nicht übersehen: die Kirche Mariae Heimsuchung im Stadtteil Unterholzhausen, erbaut ca. 1130 n. Chr.

Anwendung

- Wenn Sie mögen und können (z.B. weil Sie in der Umgebung wohnen), gehen Sie zur Erholung Ihrer Seele öfters dort hin.
- Spezielle Regeln sind hier nicht erforderlich. Allerdings empfehle ich, den heiligen Rummel von Prozessionen zu meiden, der Sie lediglich hindert, in der Masse der Pilger den Platz zu wählen, an dem Sie verweilen möchten und sollten.

Wer sich in einer Phase des „schlechten Gewissens“ befindet, sollte die Gnadenkapelle über einen längeren Zeitraum einmal wöchentlich aufsuchen. In diesem Fall empfehle ich die folgenden drei Schritte:

1. Suchen Sie die Gnadenkapelle abends nach Sonnenuntergang auf. An solchen Orten fanden „Einweihungen“ nie tagsüber statt. Verweilen Sie in der Gnadenkapelle 5–8 Minuten lang genau auf der Mittellinie, die von der Madonna ausgeht.
2. Umrunden Sie sodann die Gnadenkapelle, wie in Altötting üblich. (Ein Kreuz müssen Sie nicht unbedingt mitnehmen.) Achten Sie darauf, nicht zu schnell zu gehen. Zählen Sie:

„Eins und zwei – eins und zwei....". Bei jedem „und" verzögern Sie ihren Gang ein wenig. Sie werden bald den für Sie richtigen Rhythmus entdecken. Halten Sie Ihren Rhythmus, der übrigens auf Ihren Herzschlag abgestimmt sein wird.
3. Nachdem Sie den Ort mehrfach nach Sonnenuntergang besucht haben, wiederholen Sie diesen Ritus morgens nach Sonnenaufgang. Statt anschließend die Kapelle zu umrunden, begeben Sie sich nun in die St.-Magdalenen-Kirche oder in die Stiftspfarrkirche und relaxen mit Ihrer Seele etwa eine halbe Stunde lang.

Praxistip

Die Organisation erfolgt durch die Kapuziner und die örtliche Geistlichkeit. Die Pilgerstätte Altötting ist sehr gut organisiert. Der weiträumige Kapellenplatz und die großzügige Stadtplanung bedrängen den Pilger nicht durch Feilbieten von Pilgerartikeln.

Empfehlungen

- Für Menschen mit allgemeinen psychosomatischen Beschwerden, denen einen positive Seelendusche gut tun würde;
- bei ganz schweren Gewissenskonflikten (Gnadenkapelle).
- Meiden Sie die Kapuzinergruft!

Nach der Anwendung

Nach dem Besuch der Wallfahrtsanlage sollten Sie sich unter Menschen begeben oder sich etwas Gutes gönnen.

Kapellenplatz in Altötting (A) Zonen der aufladenden Kraft (B) Zonen der abladenden Kraft

Stiftskirche: Die Säulen sind plus/minus bzw. auf-/abladend gepolt. Bankreihen nahe den Plus-Säulen bei Depression und Trauer; Bankreihen nahe den Minus-Säulen für hektisch reagierende Besucher.

Kommunionbank: voll aufladend (A), aber nicht die Fläche davor (B).

Kapuzinergruft, die Linie der Toten. Vollständig abladend (meiden)

Die Kraftlinie verläuft vom Hauptportal der Basilika, schneidet die Bruder-Konrad-Kirche und endet am Marienbrunnen.

Päpstliche Basilika: (A) auf-, (B) abladende Zonen

Bruder-Konrad-Kirche: Stark abladende Mittelzone, nur der Altartisch neutralisiert.

Päpstliche Basilika: (A) auf-, (B) abladende Zonen

Päpstliche Basilika: (A) aufladende Zone

Annaberg

Wallfahrtskirche und Mariengrotte

Geschichte

Der Annaberg, in der Nähe von Haltern im Kreis Recklinghausen gelegen, ist ein geomantisch interessanter Ort, der eine sehr ausgeprägte Störzone markiert. Diese Wirkung müssen die damals naturverbundeneren Menschen schon vor 4000 Jahren entdeckt haben. Funde aus der Jungsteinzeit zeigen, daß hier zumindest eine Urnenbegräbnisstätte angelegt war – logisch, denn im Umkreis dieses Hügels an der Lippe stellt der Radiästhesist sehr starke abziehende Erdkräfte fest. Daher ist zu vermuten, daß hier lange vor unserer Zeitrechnung die Toten der damaligen Siedler „abgelegt" wurden, um ihre letzten Lebensenergie zu verlieren, so wie es die Indianerstämme noch bis Anfang dieses Jahrhunderts in Amerika praktizierten. An solchen Orten durften sich nur Ausgewählte des Stammes aufhalten.

Die Römer, die hier um das Jahr 10 n. Chr. einen „Brückenkopf" anlegten, wählten diesen Ort mit Sicherheit nicht nur wegen seiner strategisch günstigen Lage: Der Annaberg ist auf drei Seiten von fließendem Wasser umgeben. Sie legten militärische Befestigungsanlagen am Annaberg und in seiner Umgebung an. Aufgrund der geomantischen Effekte verloren Belagerer auch hier rasch ihre Kraft und Zuversicht.

Bei diesen außergewöhnlichen Eigenschaften ist es kein Wunder, daß der Annaberg schon sehr früh – spätestens 550 n. Chr. – zum Wallfahrtsort erklärt wurde und trotz mehrfacher Zerstörung nie ganz in Vergessenheit geriet. Lange bevor er wieder zum Pilgerort heutiger Güteklasse wurde, diente er als Richtstätte: Hier wurde Gericht gehalten und auch hingerichtet. In alter Zeit errichtete man Galgen oder Richtstätten gerne an Plätzen mit „abziehenden" Effekten. Führte man den Delinquenten zum Scharfrichter, dann war die Route so gelegt, daß die gesamte Prozession immer müder, apathischer, lustloser wurde – natürlich auch der zum Tode Verurteilte selbst, der sich so leichter in sein Schicksal fügte. Nach vollzogenem Urteil kehrten die Beteiligten in Gegenrichtung in den Ort zurück, wodurch sich auch die Wirkung umkehrte und man neue Kraft und Zuversicht gewann.

Der Annaberg heute

Auf dem Annaberg steht heute eine Kapelle, der Mittelpunkt der Wallfahrten. Eine Quelle, früher als „heiliger Brunnen" bezeichnet, ist heute nicht mehr in Funktion. Ferner finden wir dort eine Mariengrotte, die genau den Punkt markiert, an dem ein abladender und ein aufladender Erdstrahl aus dem Berghang treten. Ein auffällig angelegter und gestalteter Kreuzweg läßt vermuten, daß Kundige im 18. Jahrhundert besonders deutliche Markierungen für die Nachwelt hinterlassen haben. Mitte des 19. Jahrhunderts ließ ein Augustinerpater den Kreuzweg sachkundig weiter ausbauen. Bei einem Rundgang kann sich jeder Radiästhesist davon überzeugen, daß überall dort, wo gepflasterte Markierungen den Weg zieren, geomantische Auffälligkeiten zu messen sind (s. Abbildungen S. 151–153). Auch ohne prophetische Gaben läßt sich voraussagen, daß man künftig viele angehende Radiästhesisten dort ausbilden wird.

Annaberg: Anlage vom Typ A

Atmosphäre: auf dem Kreuzweg unangenehm und ermüdend; in der Kapelle kühl und sachlich

Wirkung des Annabergs

- Abzug von Lebensenergie
  Warnung: Menschen mit psychosomatischen Beschwerden sollten den Annaberg meiden. Wenn Sie diesen Ort in geschwächter psychischer Konstitution begehen wollen, ist es ratsam, den Rundweg gegen den Uhrzeigersinn abzuschreiten.
- Diagnose von Organproblemen:
  - Wer am Annaberg Herz-Kreislauf-Probleme oder Magen-Darm-Beschwerden bekommt, sollte seinen Arzt befragen.
  - Wer ein (leichtes oder schmerzhaftes) Ziehen in den Muskeln verspürt, ist gefährdet, über kurz oder lang an Rheuma oder ähnlichen Leiden zu erkranken.
  - Beobachten Sie Ihre Reaktionen und sprechen Sie anschließend mit Ihrem Arzt oder Heilpraktiker darüber.

  Erklärung: Wenn Sie sich an einen solchen Ort der abladenden, die Lebensenergie aufzehrenden Kräfte befinden, spüren Sie erfahrungsgemäß nach einiger Zeit genau das Organ, das in Ihrem Körper als Schwachstelle anzusehen ist.

Auffallend ist, daß junge Menschen, die als Pilger zum Annaberg kommen, an diesem Tag zu erhöhtem Alkoholkonsum neigen. Warum? Eine Erklärung könnte sein, daß sie am Annaberg eine unterschwellige Lebensangst verspüren!

- Linderung von Jähzorn, Wut und Streitsucht
  Einzig für Menschen, die zu Zornesausbrüchen neigen, ist der Aufenthalt in der Kapelle und in der Umgebung empfehlenswert. Ihnen wird an diesem Platz wirklich geholfen. Alle anderen werden sich nach längerem Verweilen so kaputt und zerschlagen, matt und lustlos fühlen wie einst die Delinquenten bei ihrem letzten Gang zum Galgen auf dem Annaberg.

Anwendung

Die Mariengrotte am Fuße des Berges eignet sich besonders für die Anwendung, und zwar sowohl der auf- wie der abbauenden Wirkungen wegen.

Die Sitzbänke sind dort sehr kundig aufgestellt:

- Die Mittelbänke eignen sich für den aufbauenden Effekt,
- die Außenbänke empfehlen sich, wenn Sie überschüssige Energie abbauen müssen.
- Daraus ergibt sich auch die Anwendung: zuerst Überschüssiges abbauen, dann neue Energie tanken.

Praxistip

Der Annaberg besteht aus Wallfahrtskirche und Parkanlage. Außerhalb der Wallfahrten sind dort kaum Besucher anzutreffen.

Empfehlung

In der Annaberg-Anlage schwanken die Effekte deutlich entsprechend Tages- und Jahreszeiten. Günstig ist der Sonnenhöchststand im Sommer, während die Wintermonate die „abziehenden" Effekte noch verstärken.

Nach der Anwendung

Begeben Sie sich nach einem Besuch des Annabergs unbedingt unter Menschen, tauchen Sie in pulsierendes Leben ein!

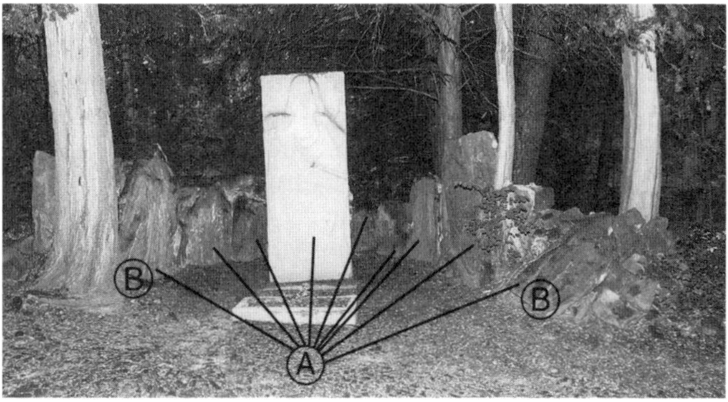

Eine der Kreuzwegstationen mit stark aufladender Kraft – rechts und links jedoch abladend.

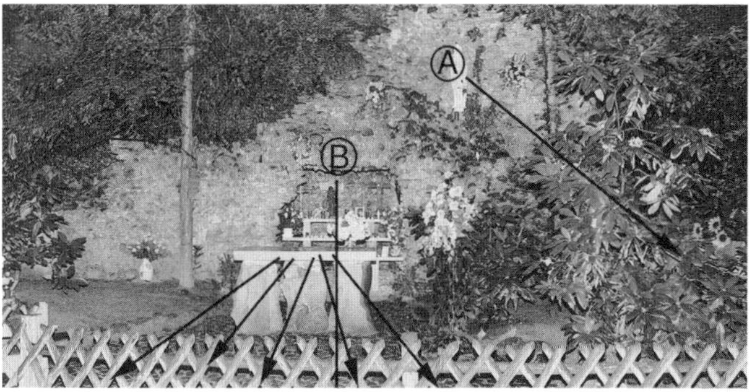

Die Mariengrotte. Sehr stark abladend vor der Grotte, rechts oben aufladend. Sie sollten sich nicht vor den Altartisch stellen.

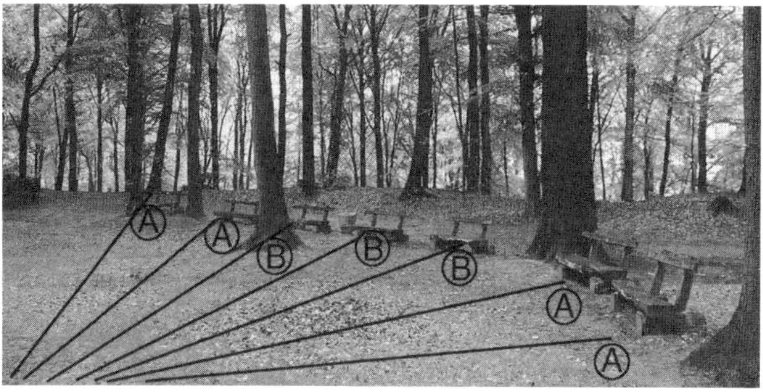

Die Bänke vor der Mariengrotte hat ein Könner aufgestellt.

Annaberg, Kapelle: vor der Pieta aufladend, rechts und links stark abladend.

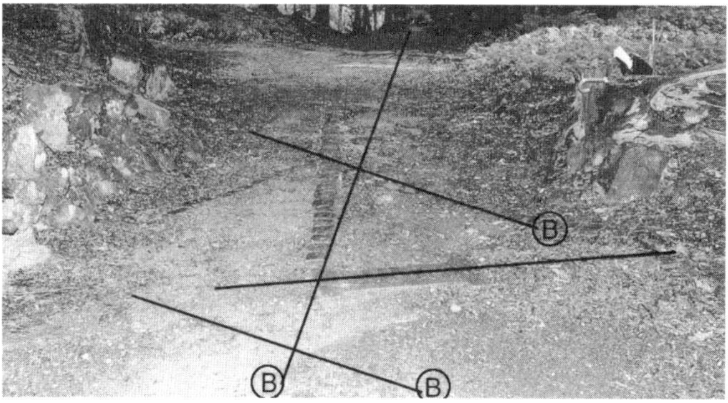

Der Lehrpfad für Radiästhesisten am Annaberg (stark belastende Kreuzungen)

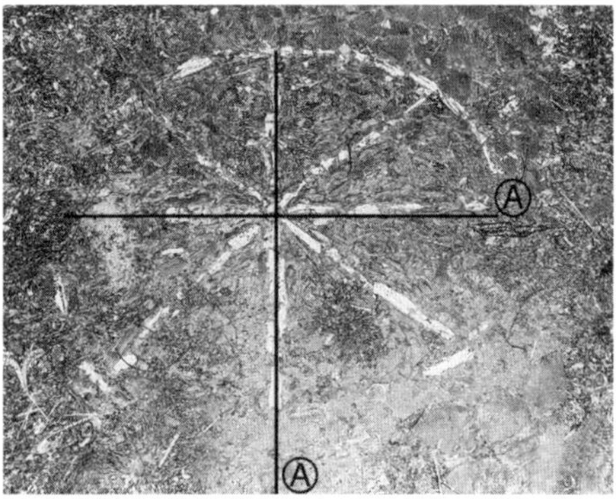

Komplett aufladend, ein Punkt der Punkte. Man findet alle sechs Meter eine stark auf- und abladende Erdstrahlung.

Dettelbach

Wallfahrtskirche Maria im Sand

Als heilsame Stätte ist der von Franziskanern betreute Wallfahrtsort Dettelbach. zwischen Würzburg und Münsterschwarzach am Main gelegen, erst seit 1505 bekannt: In jenem Jahr gesundete dort ein Nikolaus Lemmerer unter wundersamen Umständen. Bei entsprechender Windrichtung kann man in Dettelbach die Glocken von Münsterschwarzach hören: Dann ermuntern die Herren Benediktiner ihre Brüder im Glauben – die Franziskaner – zum Gebet, denn Münsterschwarzach beherrscht diese Region in jeglicher, also auch in religionspolitischer Hinsicht.

Die Wallfahrtskirche in Dettelbach hat keinen eigenen Kirchturm. Der Grund könnte darin zu suchen sein, daß die mit zwei ganzen und zwei halben Kirchtürmen ausgestattete Trutze Münsterschwarzach auf keinen Fall riskieren wollte, die ihr „zugebeteten“ Kräfte aus der Umgebung zu verlieren. Selbst solche architektonischen Details verraten in Dettelbach, daß man hier gegenüber Münsterschwarzach Rücksicht nehmen mußte.

Das Stifterbild zeigt, daß Dettelbach einen Kreuzungspunkt von zwei geomantischen Linien aufweist: Mit etwas kundigerem Auge erkennt man, daß Flügel und Arme des kleinen Engels unterhalb der Wallfahrtskirche ein Kreuz bilden (s. Abbildung S. 157). Tatsächlich läßt sich dieses Phänomen in der Kirche nachweisen.

Wir haben es also mit einer geomantischen Kreuzungszone zu tun. Die körperliche Heilwirkung ist der von Marienthal bei Rüdesheim ähnlich (siehe Seite 194 ff.). Auch die Gründungslegenden ähneln einander.

Die Anlage von Dettelbach, als solche noch voll in Funktion, kann als Modell für die optimale Nutzung geomantischer Effekte gelten: Die Mittellinie kreuzt genau über der Kuppel des Kirchenschiffs eine zweite Linie. Der für Franziskaner typische Vierer-Altar weist eine Besonderheit auf: Er ist zur Orgel hin, die im Seitenschiff untergebracht ist, versetzt und steht folglich nicht genau auf dem Kreuzungspunkt. Die frommen Erklärungen besagen, daß dies notwendig sei, um dem Hochaltar die Ehre zu erweisen. Dem mag so sein, aber da steckt sicherlich noch mehr dahinter: Die Mönche von Dettelbach waren offenbar in die geheimen Kräfte dieses Ortes eingeweiht – zumindest die Franziskaner jener Zeit, in der die Anlage konzipiert wurde. Denn am Hauptaltar bündelt sich eine Vielzahl beeindruckender Wirkungen:

- Das rechte Kirchenschiff wird bevorzugt, ebenso die rechte Seite des Altars, die von den Sitzbänken der Mönche aus voll sichtbar ist.
- Auch die Mittellinie der Kanzel schneidet den versetzten Altar, so daß der Priester dort die vollen Wirkungen verspürt.
- Das Ritual der Wallfahrer, den Altar zu umrunden, erweist sich im Hinblick auf die geheimen Kräfte als sinnvoll: Die kundigen Mönche setzten die Pilger einem Wechselbad aus Plus- und Minuskräften aus.

Das kleine „Heilige Dreieck“ wird aus der Stele rechts vom Hauptportal, dem Brunnen in Form einer weiteren Stele und dem Relief rechts neben dem Eingang zum Kloster gebildet (s. Abbildung S. 158 oben).

Wer viel Zeit hat, sollte der Mittellinie folgen, die vom Hauptportal der Kirche nach draußen führt. Auf dieser Linie dürfte ein weiteres, derzeit verschollenes radiästhetisches Kleinod zu finden sein.

Dettelbach: Anlage Typ C
Die Kirche entspricht ihrer Bedeutung nach Typ 0:
Sender für Kirchen in der Umgebung, offenbar für Münsterschwarzach

Atmosphäre: angenehme Ruhe

Wirkung der Kirche Maria im Sand

- Linderung psychosomatischer Beschwerden durch seelischen Kummer und Trauer, besonders bei Liebeskummer und Herzeleid jeglicher Art
- Trost und Stimmungsaufhellung
- Befreiung von Streß, innerer Erregung, negativer Einstellung zu allen Problemen des Lebens
- Abbau überschießender Energien in Richtung einer ausgeglicheneren Grundstimmung

- Umpolung in Richtung einer zuversichtlichen Stimmung mit Festigung der Psyche

Anwendung

- Suchen Sie den Ort vormittags und in den Abendstunden auf. Die Gewohnheiten der Mönche deuten darauf hin, daß an diesem Platz je nach Tageszeit unterschiedliche Effekte auftreten, die aber allesamt eher harmonisierend und stimmungshebend wirken.
- Kommen Sie kurmäßig nach Dettelbach, also nicht nur einmal im Jahr zur Wallfahrt.
- Wenn möglich, besuchen Sie die Anlage an mehreren aufeinanderfolgenden Tagen morgens und abends.
- Umrunden Sie ganz langsam mehrmals den Vierer-Altar. Verweilen Sie an den Ecken jeweils zwei bis drei Sekunden und gehen dann weiter.
- Verweilen Sie etwa zwanzig Minuten im Bereich der Sitzbänke des Hauptschiffs und zehn Minuten auf einer Bank des Seitenschiffs. Die stärkste Wirkung erfährt man genau in der Mitte der Sitzbänke. Zu langes Verweilen auf der Mittellinie, die vom Altar in die Bankreihen des Seitenschiffs verläuft, sollte allerdings vermieden werden. Nehmen Sie eher links oder rechts von der Mittellinie Platz.
- Verweilen Sie anschließend noch einige Zeit in dem „heiligen Dreieck“ im Inneren der Anlage, etwa auf der Linie Brunnen-Stele.
- Versuchen Sie die Ruhe auf sich einwirken zu lassen. Zwingen Sie sich zu nichts. Wenn Sie das ruhige Verweilen an diesem Ort nicht vertragen, brechen Sie Ihren Besuch in der Kirche einfach ab. Wiederholen Sie Ihren Aufenthalt in Dettelbach, bis dieser Effekt nicht mehr auftritt.

Praxistip

Die Anlage wird von Franziskanern betrieben. Die Pilgerstätte ist außerhalb der Pilgerzeiten nicht überlaufen. Sie ist ideal für eine seelische Kur ohne Störung durch allzu viele Mitmenschen.

Empfehlung

Empfehlenswert zum Verweilen auch für den Geschäftsreisenden, der einen entspannenden Ort für seine Mittagspause sucht.

Nach der Anwendung

Nach dem Besuch der Wallfahrtsanlage sollten Sie sich unter Menschen begeben und sich etwas Gutes gönnen, um die erworbenen positiven Effekte zu verstärken. Belohnen Sie sich.

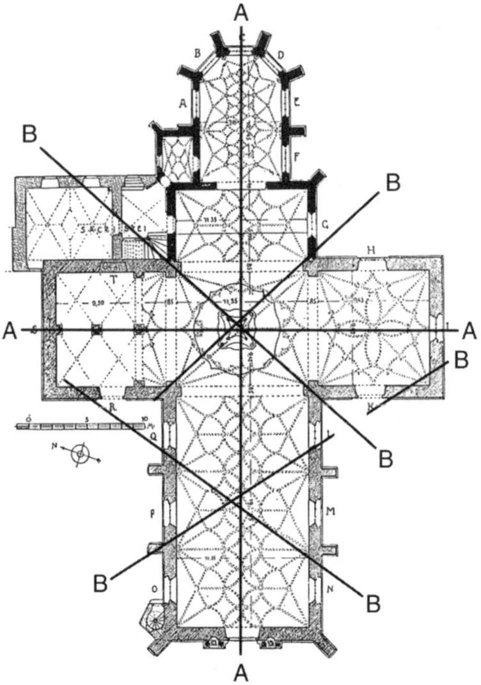

Grundriß: Die geomantischen Besonderheiten von Kloster Dettelbach. (A) auf-, (B) abladende Kreuzungen

Im Stifterbild sind diese Kreuzungen für den Kundigen durch den Engel angedeutet (Flügel und Arme).

Das „heilige Dreieck" im Hof des Klosters Dettelbach. (A): aufladend

Im Querschiff wußten die Franziskaner genau, wo sie sich zu setzen hatten. (A): die aufladenden Bereiche vor den Altären

Im vorderen Bereich des Bildes (Mittellinie Hochaltar) befindet sich der Kreuzungspunkt der Kräfte.

Jungingen

Dorfkirche

In Jungingen, fast in Sichtweite der Burg Hohenzollern, befindet sich eine Dorfkirche mit einer Muttergottes. Im letzten Krieg diente sie als Ersatz für das schweizerische Einsiedeln, wohin deutsche Pilger damals ja nicht wallfahren konnten.

Heute ist dieser Platz von den Gläubigen fast vergessen – für die katholischen Pilgerbewegung eine Tragödie, denn Jungingen kann Einsiedeln in der Schweiz mehr als nur „das Weihwasser reichen". Dieser Ort enthält so viel Power, daß man sich über die Zurückhaltung des örtlichen Pfarramtes nur wundern kann. Die ehrwürdigen Herren scheinen mehr an die Bürde der Mehrarbeit, die bei stärkerem Zuspruch auf sie zukäme, zu denken als an den Segen, den die Pilger in Jungingen finden könnten.

Dabei war Jungingen/Hechingen – gewiß nicht zufällig – auch der Glückspunkt des Hohenzollern-Geschlechts. Speziell der durch die Madonnenfigur markierte Punkt in der Dorfkirche hat es geomantisch in sich. Direkt hinter der Eremitenklause von Bad Abbach (s.S. 128 ff.) belegt Jungingen in unserer Hitliste der empfehlenswerten Heilorte den zweiten Platz!

Jungingen, Beuren und einige andere Orte markieren einen Kreis, dessen genaue Mitte der Burgberg der Hohenzollern bildet. Wurden diese Orte schon von den Kelten kundig angelegt? Jedenfalls sind sie die Sender, die Burg selbst aber war der Empfänger in dieser gewaltigen Anlage. Um die Jahrhundertwende hat der Leibarzt des Reichskanzlers Bismarck – wie oben geschildert – einen dieser fast vergessenen Plätze durch eine Stiftung reaktiviert. Für den radiästhetisch Kundigen liegen die Gründe auf der Hand.

Heute ist diese Anlage teilweise abgeschaltet, da einige Einrichtungen auf den umliegenden Bergen – teils durch Bebauung, teils durch den Zahn der Zeit – zerstört worden sind.

Unabhängig von ihrer einstigen Funktion innerhalb dieser alten Anlage wirkt sich die fast wie im Lehrbuch angelegte Dorfkirche von Jungingen auch auf ihre heutigen Besucher äußerst heilsam aus. An der Außenwand findet sich eine Madonnengrotte: Sie markiert den Verlauf der ungewöhnlich positiven

Kraft, die von dort ausgeht. Auf der anderen Seite der Kirche haben kundige Hände eine Jesusfigur aufgestellt: Sie markiert den Verlauf der abziehenden Kräfte. Somit ist diese Kirchenanlage ideal zum Ausgleich und zum Aufbau positiver Kräfte geeignet.

Im Innern der Kirche finden Sie linkerhand den Altar mit der Muttergottesstatue. Der Gang zwischen den Bänken verläuft über einer geomantischen Linie mit abziehender Wirkung. Sobald Sie sich in eine der Bänke setzen (zu empfehlen sind jeweils die ersten beiden Sitze von links), befinden Sie sich in einem vollen positiven Strahl, dessen Wirkung denjenigen von Einsiedeln in der Schweiz in nichts nachsteht. Wenn Sie also keine großen Reisen unternehmen wollen und es Ihnen mehr darum geht, Ihre Seele als Ihr Auge zu verwöhnen, dann sind Sie in Jungingen bestens aufgehoben.

Dorfkirche Jungingen: Anlage vom Typ B – Sender
Empfänger ist die Burg Hechingen

Atmosphäre: heiter, sehr angenehm und fröhlich

Wirkung

- positive Polung bei allen seelischen Problemen
- Linderung psychosomatischer Beschwerden, insbesondere solcher, die durch depressive Stimmungen verursacht werden
- Stärkung der Lebensfreude, der Kreativität und des Geistes

Anwendung

- ganzjährig
- Verweildauer je nach Sensibilität
- empfohlene Anwendung: Nehmen Sie für zehn bis zwanzig Minuten auf einer der Bänke vor der Marienstatue Platz; anschließend sollten Sie etwa fünf Minuten im Gang stehen; zuletzt nochmals etwa zehn Minuten auf einer Bank sitzen.

Praxistip

Außerhalb der Wallfahrten sind dort kaum Besucher anzutreffen. Ideal für den durchreisenden Geschäftsmann ebenso wie für den Feriengast.

Nach der Anwendung

Verlassen Sie bitte die Kirche und das Gelände nach der Anwendung, ohne sich an diesem Tag noch länger in der Anlage aufzuhalten.

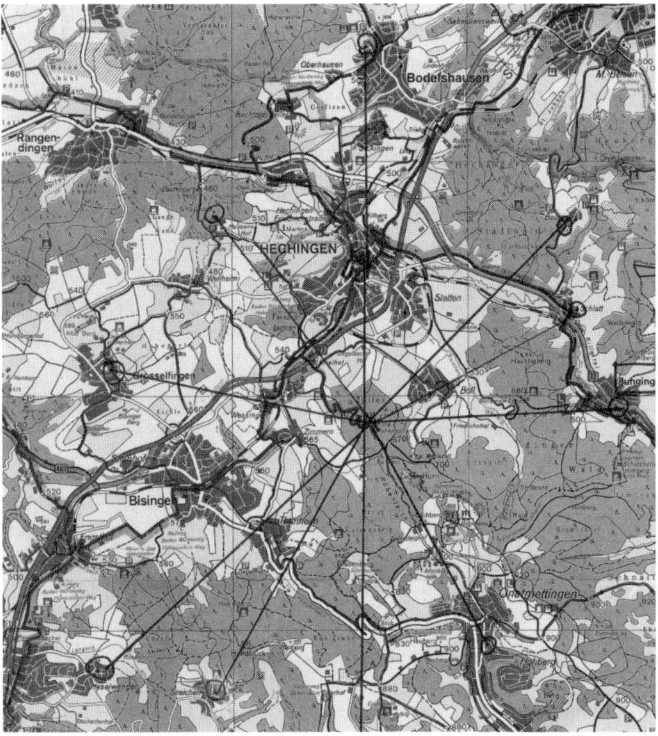

Burg Hohenzollern und die „Sendepunkte" in der Umgebung

Beuren: Warum ließ Bismarcks Leibarzt diesen Platz in Sichtweite der Zollernburg und Jungingen restaurieren?

Was wußte Bismarcks Arzt von den geheimnisvollen Kräften an diesem Ort?

Jungingen: Die Mariengrotte mit stark aufladender Kraft

Die Jesusgrotte mit abladenden Effekten

Eine Sitzbank, die man in Jungingen meiden sollte.

Auch diese Sitzbank sollte der Besucher in Jungingen meiden.

Wer vor der Madonna im Gang stehenbleibt, lädt überschüssige Energie ab.

Wer im Bereich (A) sitzt, lädt sich mit Kraft auf (sehr positiv!).

Kevelaer

Gnadenkapelle – Kerzenkapelle

Das Gegenstück zu diesem niederrheinischen Wallfahrtsort ist Altötting in Bayern. Insgesamt umfaßt Kevelaer ein Kloster, Kirchen und Kapellen. Seine älteste Einrichtung ist die Kerzenkapelle. Heute bilden Basilika, Gnadenkapelle und Kerzenkapelle ein „heiliges Dreieck". Man kann es leicht identifizieren, wenn man sich die Verlängerung der Mittellinien durch die Haupteingänge der Gebäude vorstellt.

Wie genau man früher über die Wirkungen am Ort Bescheid wußte, zeigt ein Ölgemälde von 1706 im Priesterhaus[1]. In der linken oberen Ecke des Bildes ist eine Maria im Himmel zu sehen, von der zwei Strahlen ausgehen. Ein Strahl durchdringt die Gnadenkapelle (s. S. 171)

Ihre Hauptwirkung entfaltet die Anlage bei Sonnenuntergang. Der Ritus schreibt vor, daß im täglichen Marienlob (Vesper) um 18 Uhr das Magnifikat gesungen, letztlich also eine Folge von Tonfrequenzen erzeugt wird, welche die energetische Wirkung jeweils um sechs Uhr abends verstärken.

Die Kapellen und die Basilika bilden eine in sich geschlossene Einheit. Aus alten Zeichnungen und Bildern ersieht man, daß die Kapellen ursprünglich an einem Berghang lagen, der anscheinend später eingeebnet wurde. Dadurch scheinen auch einige Effekte der ursprünglichen Konzeption verändert worden zu sein.

Eine Kraftlinie, die vom Hauptportal der Basilika über den Brunnen zur Gnadenkapelle führt, wird heute leider durch einen Lichtmast gestört. Das läßt – ebenso wie die Metallpfähle, die Autos vom Befahren des Platzes abhalten sollen – vermuten, daß die heutigen Betreuer der Anlage wenig Ahnung von den Wirkungen ihres Wallfahrtsortes haben.

---

[1] Kevelarer Kerzenkapelle, Verlag Schnell & Steiner, München, Seite 4 (kann in der Kirche für 6,– DM erworben werden).

Kevelaer: Anlage vom Typ C
Die Basilika entspricht ihrer Bedeutung nach Typ 1
(ein Kirchturm)

Atmosphäre im „heiligen Dreieck“: heitere Ruhe

Wirkung

Haben Sie Angst vor der Zukunft? Trauen Sie sich nichts zu? Sind Sie der Löwe, der sich in der Grube duckt, statt auf dem Felsen zu brüllen? Unterliegen sie immer Ihrem Ehepartner im Streit? Oder leiden Sie unter Antriebslosigkeit, niedrigem Blutdruck, körperlichen Schwächen aller Art? In allen diesen Fällen sind Sie in Kevelaer am rechten Ort:

- Befreiung vom Seelenschmerz, psychischer Belastung jeder Art und pessimistischer Zukunftsperspektive
- Umpolung in Richtung einer optimistischen, zuversichtlichen Stimmung mit Festigung der Psyche

Anwendung

- Kommen Sie öfters hierher. Dies ist kein Ort, der durch eine einmalige Wallfahrt Hilfe bringen würde.
- Sie können in Begleitung nach Kevelaer gehen. Suchen Sie sich eine Nebenstraße, gehen Sie nicht über die Hauptfußgängerpassage auf den Kapellenplatz. Auf dem Rückweg sollten Sie auf der Linie Basilika – Fußgängerpassage gehen, weil sich dort eine sehr positive Zone befindet. Nicht umsonst haben die schlauen Vorfahren der heutigen Händler gerade hier ihre Läden gebaut.
- Nehmen Sie als erstes außerhalb der Gnadenkapelle auf der abgebildeten Linie Platz (siehe Abbildung S. 173). Diese führt nicht exakt zentriert, sondern etwas seitlich vom Gnadenbild weg. (Auch der Papst kniete leicht seitlich davor, wie aus Pressefotos hervorgeht.) Verweilen Sie dort nach freiem Ermessen so, daß Sie sich wohl fühlen.
- Danach umrunden Sie die Gnadenkapelle und gehen auf der Verbindungslinie vom Ausgang der Gnadenkapelle zum Eingang der Kerzenkapelle.
- Auf dem Übersichtsplan (s. S. 176) erkennen Sie, daß sich die Mittellinien der Kerzenkapelle und der Gnadenkapelle unmit-

telbar hinter dem Eingang – unter der Orgelempore – schneiden. Verweilen Sie dort fünf bis zehn Minuten.

- Nun nehmen Sie auf der Mittellinie Platz, die vom Bereich der Kanzel ausgeht. Verweilen Sie hier für etwa zehn weitere Minuten. Versuchen Sie, die Ruhe auf sich einwirken zu lassen. Zwingen Sie sich zu nichts. Wenn das ruhige Verweilen an diesem Ort Sie zu müde macht, brechen Sie Ihren Besuch in der Kirche einfach ab.

Praxistip

Die Pilgerstätte ist sehr gut (durch die örtliche Geistlichkeit) organisiert. Pilgergruppen werden im Abstand von 15 Minuten an die Gebetsstationen herangeführt, was allerdings an den Start- und Landerhythmus internationaler Airports erinnert. Unangenehm ist, daß sich die frommen Beter durch ein Spalier von Geschäftslokalen und Verkaufsgondeln durchzwängen müssen.

Empfehlung

Wenn Sie vor schwierigen privaten oder geschäftlichen Entscheidungen stehen, suchen Sie den Ort mehrfach gegen Sonnenuntergang auf, um aus einem inneren Gleichgewicht heraus Ihre Entscheidung zu treffen. Um sich zu harmonisieren, nehmen Sie auf einer Bank vor der Gnadenkapelle Platz. Anschließend gehen Sic in die Kerzenkapelle. Erst dort, das zeigt auch das ganze Kerzenritual, sollten Sie Ihre inneren Entschlüsse fassen. Mit dem Anzünden einer Kerze besiegeln Sie Ihre Entscheidung.

Nach der Anwendung

Nach dem Besuch der Wallfahrtsanlage sollten Sie sich unter Menschen begeben oder sich etwas Gutes gönnen. Setzen Sie sich z.B. in ein Café und genießen, daß Sie leben dürfen. Oder kaufen Sie sich selbst ein kleines Geschenk.

Darstellung des Kapellenplatzes auf einem Ölgemälde im Priesterhaus, 1706

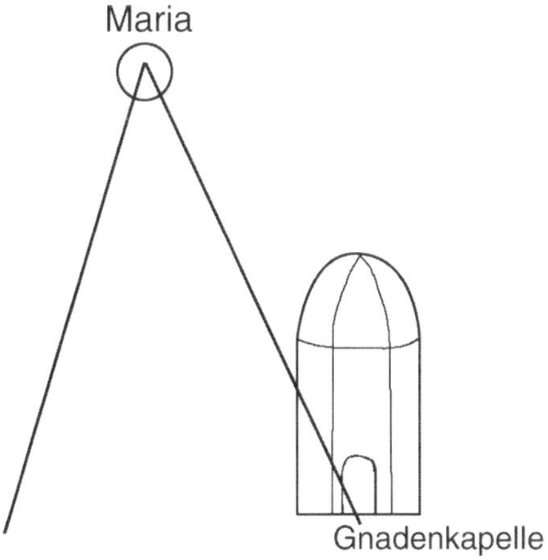

Papst Johannes Paul II. am 2. Mai 1987 in Kevelaer.

Das Gnadenbild und die empfohlene Sitzposition (A)

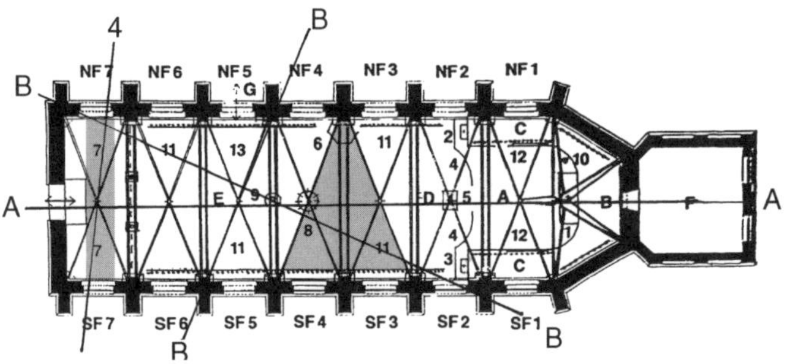

Grundriß der Kerzenkapelle. Markiert sind die Bereiche der Wirkungen: (A) auf-, (B) abladend

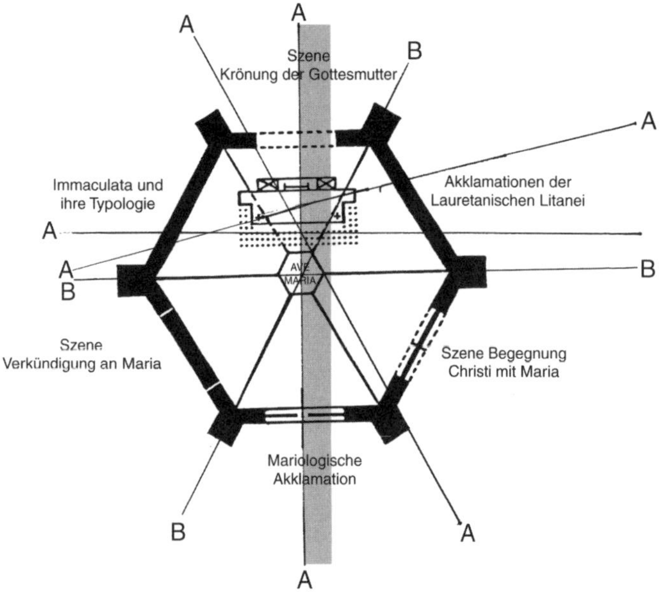

Grundriß der Gnadenkapelle mit den geomantischen Besonderheiten. Das Umrunden der Kapelle führt zu seelischem Gleichgewicht (ähnlich wie in Altötting).

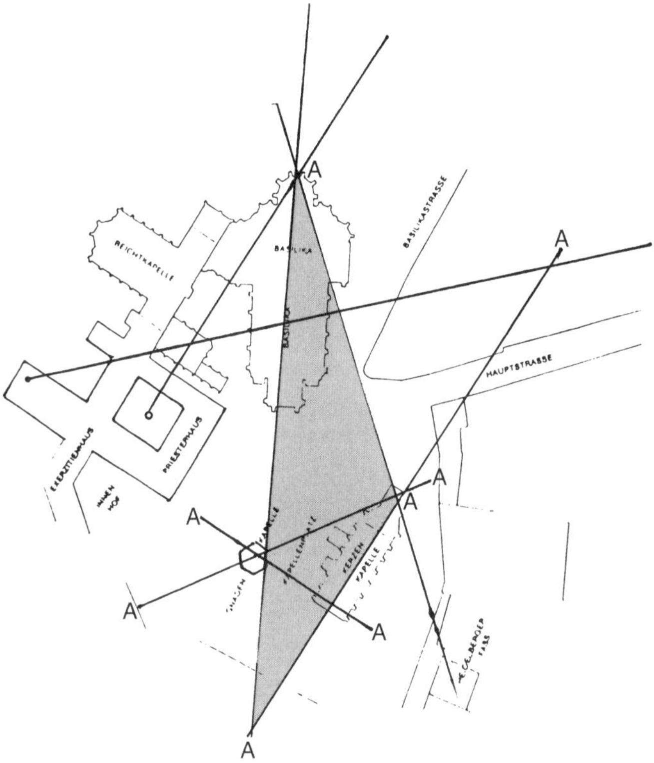

Lageplan des Kapellenplatzes von Kevelaer. Dunkel markiert ist das „Heilige Dreieck“.

Die Linie der Kraft führt von der Gnadenkapelle über den Brunnen zur Basilika.

Die Linie der Kraft führt von der Gnadenkapelle über den Brunnen zur Basilika.

Kloster Kamp

Klosterkirche – Marienkapelle

Unweit von Kevelaer, im Bereich der Stadt Kamp-Lintfort, befindet sich ein Platz, den ich allen Besuchern von Kevelaer empfehlen möchte: Auf dem Kamper Berg ragt die ehemalige Zisterzienserabtei Kamp empor, die heute von Mönchen des Karmelitenordens bewohnt wird.

Die Geschichte dieser Anlage reicht bis ins 12. Jahrhundert zurück. Eine Überdachung verbindet die Klosterkirche mit der Marienkapelle. Diese zeigt dem Auge des kundigen Besuchers sofort, wo welche „Schätze" zu finden sind. Denn anders als in der reich dekorierten Kapelle von Kevelaer finden sich in der Marienkapelle von Kamp nur die wirklich wesentlichen Ausschmückungen. Überdies ist der Boden so eindeutig markiert, daß jeder Radiästhesist geradezu fürchtet, durch diese Zeichen beeinflußt zu werden.

Die Klosterkirche weist zwei Kirchtürme auf; sie ist folglich als Empfänger mit umliegenden, heute nicht auf den ersten Blick erkennbaren Sendern verbunden. Leider haben baufreudige, aber unkundige Äbte dieses Klosters vor Jahrhunderten die Hauptwirkung der Anlage abgeschaltet, indem sie ein Wirtschaftsgebäude vor das Hauptportal bauen ließen. Dagegen haben wissende Mönche in späterer Zeit eine Pietà im Kirchenschiff vor das Hauptportal gestellt und so zumindest den Abfluß von Erdenergien verändert.

Kloster Kamp: Anlage vom Typ B
Die Klosterkirche entspricht ihrer Bedeutung nach Typ 2: Empfänger
Gegenpol sind die Kirchen der Umgebung

Atmosphäre: kühle Ruhe

Wirkung

Ärgern Sie sich leicht? Haben Sie hunderttausend Pläne für den nächsten Tag? Fühlen Sie sich heiser vor lauter Brüllen als Löwe? Sehnen Sie sich danach, daß andere einmal für Sie brüllen? Haben Sie Probleme in der Ehe oder Partnerschaft? Oder leiden Sie unter Rastlosigkeit, hohem Blutdruck, Schlaflosigkeit?

In allen diesen Fällen sollten Sie die Orte der Kraft in Kloster Kamp aufsuchen:

- Linderung psychosomatischer Beschwerden, die durch innere Unruhe, Getriebenheit, Aggressivität ausgelöst werden
- Harmonisierung
- Befreiung von Streß, innerer Erregung, negativer Einstellung zu allen Problemen des Lebens
- Abbau überschießender Energien in Richtung ausgeglichenerer Grundstimmung
- Umpolung in Richtung einer optimistischen, zuversichtlichen Stimmung mit Festigung der Psyche

Anwendung

- Schon ein Aufenthalt von dreißig Minuten in dieser Umgebung sollte Ihnen helfen können.
- Stellen Sie sich zuerst genau in die Mitte eines Seitenganges.
- Anschließend setzen Sie sich links oder rechts in eine der Bankreihen, die unmittelbar zwischen zwei Säulen stehen, und zwar auf den zweiten Platz vom Mittelgang aus (siehe Grundriß der Kirche, S. 181). Verweilen Sie dort nach freiem Ermessen, jedoch nicht länger als dreißig Minuten.
- Danach gehen Sie in die Marienkapelle. Dort ist der „Punkt der Punkte" im Boden exakt eingezeichnet. Treten Sie auf diesen Punkt: Sie stehen nun auf dem Geheimnis des Klosters Kamp.
- Nun nehmen Sie für weitere zehn Minuten rechts oder links auf der Querlinie Platz, die diesen Punkt schneidet, wenn Sie vor dem Hauptaltar der Kapelle stehen. Versuchen Sie, die Ruhe auf sich wirken zu lassen. Zwingen Sie sich zu nichts. Wenn das ruhige Verweilen an diesem Ort Sie zu müde macht, brechen Sie Ihren Besuch in der Kirche einfach ab.

Praxistip

Die Organisation erfolgt durch die Karmeliten. Außer zu den Pilgerzeiten trifft man selten auf Besucher, was diese Anlage besonders empfehlenswert macht.

Empfehlungen

- Suchen Sie diesen Ort tagsüber auf, wenn Sie an sich beobachten, daß Sie sich über alles und jeden ärgern. Spätestens wenn Sie merken, daß Sie wieder einmal Menschen ungewollt beleidigt, vor den Kopf gestoßen oder unfair unter Druck gesetzt haben, sollten Sie sich eine Pause in Kamp gönnen.
- Wer besonders intensiv in Gebetsgefühlen duschen will, sollte sich in der Klosterkirche bzw. in der Marienkapelle aufhalten, während in den anderen Kirchen der Umgebung Messen gelesen werden und gebetet wird.

Nach der Anwendung

Nach dem Besuch der Wallfahrtsanlage sollten Sie sich nicht unter gehetzte Menschen begeben, sondern möglichst den Rest des Tages für sich allein verbringen. Dadurch erzeugen Sie in sich einen Nachhall, so daß Sie es künftig sensibler spüren können, wenn Sie wieder im Begriff sind, überzogen zu reagieren.

Notieren Sie, falls Sie sich daran erinnern können, was Sie jeweils in der auf die Anwendung folgenden Nacht geträumt haben, und vergleichen nach einiger Zeit Ihre Aufzeichnungen: Hat sich in Ihren Träumen etwas zum Positiven geändert?

Der Mosaikboden läßt vermuten, daß hier ein Wissender um das Geheimnis von Kamp am Werk war.

Die Marienkapelle mit dem geomantischen Schnittpunkt in der Mitte der Kapelle

Auf dem Boden der Marienkapelle ist der Superpunkt der aufladenden Kraft sehr kunstvoll markiert.

Grundriß der Klosterkirche

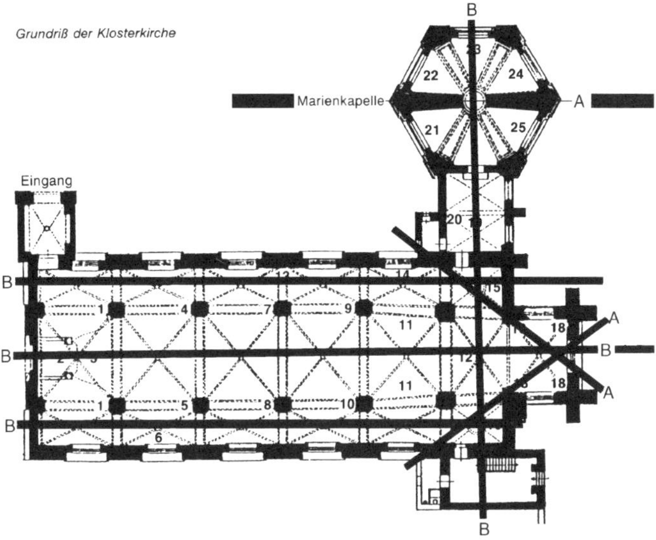

Die Messungen zeigen, daß nur ein Ort in der Kapelle aufbaut. Alle anderen sind für den hyperaktiven Menschen, der zur Ruhe kommen will, bestens geeignet. Nicht umsonst wohnen heute hier „einsame Brüder".

Klosterlechfeld

Wallfahrtskirche Maria Hilf

Zwischen Landsberg und Augsburg auf dem Lechfeld befindet sich ein sehr sachkundig angelegter Platz positiver geomantischer Energien. Auf dem historischen Boden der Ungarnschlacht von 955 entstand eine Kirche nach dem Vorbild des Pantheon in Rom.

Radiästhetisch gesehen hat es diese Kirche „in sich". Selbst der Laie erkennt nach kurzer Einweisung, warum alles so „hergerichtet" worden ist.

Das Lechfeld diente den deutschen Kaisern später als Sammelplatz für ihre Heere. Erinnern Sie sich, was Sie oben zu den Heerlagern der Kelten erfahren haben (s.S. 59ff.)? Damals zog man, nachdem der Heerführer auserkoren war, zu der Region, in der das Heerlager errichtet wurde. Dort bereitete man sich körperlich und mental auf den Kampf vor.

Mental ist ein Stichwort, das heute noch auf Klosterlechfeld zutrifft: ein Platz voller Power – nur die Leute, die dort wohnen, wissen offensichtlich nichts davon.

Die Kirche hat zwei Kirchtürme, die bemerkenswerterweise nicht die Rotunde der ehemaligen Kapelle überragen. Schon das zeigt Um- und Absicht der Könner: Zur Spitze des Türmchens der Rotunde senden die zwei Türme der Kirche und ein weiterer Turm vom Nebengebäude Energie. Auch die Dorfkirche des benachbarten Theising kann man als weiteren Sender identifizieren.

Umrundet man die Anlage, so erkennt man, daß die Erbauer außerhalb exakte Markierungen hinterlassen haben:

- Eine Pietà steht auf der Verlängerung der Mittellinie der Kirche.
- Deren weitere Fortsetzung führt über einen Brunnen (andernorts häufig als „Marienbrunnen" bezeichnet) auf den Kalvarienberg zu. Vom Brunnen zweigt eine Verwerfungslinie schräg ab, durch die mächtigen, aber verkrüppelten Bäume sehr gut zu erkennen.
- Zwischen Kirche und Turm befindet sich eine Antoniusstatue. Sie markiert eine sehr positive Kraft, die auf das Nebengebäude zielt.

Klosterlechfeld: Anlage vom Typ C
Das Bauwerk entspricht seiner Bedeutung nach Typ 3: Empfänger
Sender sind die Kirchen der Umgebung

Atmosphäre: fröhlich

Wirkung

- anregend, mental aufbauend, kraftspendend
- Kreativität, Geisteskraft und Mut verleihend
- Linderung psychosomatischer Beschwerden, die durch depressive Grundstimmungen verursacht werden
- Bekämpfung innerer Leere, von Antriebs- und Lustlosigkeit
- Linderung von Eßstörungen sowie von Neigung zu Übelkeit und Erbrechen

Anwendung

- Bewegen Sie sich nach Gutdünken in dem gesamten Areal. Vermeiden Sie lediglich folgende Punkte: den Brunnen, die Linie Brunnen – Kalvarienberg und den Bereich östlich des Kirchenhauptportals.
- Anschließend gehen Sie zu der Antoniusstatue vor der Kirche. Verweilen Sie dort noch einige Minuten (sehr aufbauend!).
- Versuchen Sie die Ruhe auf sich einwirken zu lassen. Zwingen Sie sich zu nichts. Wenn das ruhige Verweilen an diesem Ort Sie zu müde macht, brechen Sie Ihren Besuch in der Kirche einfach ab.

Praxistip

Außer zu den Pilgerzeiten und den üblichen Gottesdienstzeiten trifft man selten auf Besucher, was diese Anlage besonders empfehlenswert macht.

Empfehlung

- Suchen Sie diesen Ort auf, wenn Sie mehr Spaß am Leben bekommen wollen. Er stimmt Sie positiv ein, macht Sie draufgängerisch und schenkt Ihnen neue Ideen und Pläne.

- Wer besonders intensiv in Gebetsgefühlen duschen will, sollte sich in der Klosterkirche bzw. in der Marienkapelle aufhalten, während in den anderen Kirchen der Umgebung Messen gelesen werden und gebetet wird.

Warnung

Solche Orte steigern die Intensität Ihrer sämtlichen Eigenschaften. Durch längeren Aufenthalt an diesem Kraftplatz können Sie also z.B. noch listiger, noch durchtriebener, noch egoistischer werden!

Die ehemalige Klosterkirche mit der Verwerfung (B)

Die Linie Klosterkirche – Brunnen ist aufladend, wird aber von einer abladenden Linie gekreuzt.

Die Mitte der Bänke: (A) aufladend. Rechts und links vor den Beichtstühlen: (B) abladend.

Der Superpunkt in Klosterlechfeld. Hier sollten Sie sich möglichst oft aufhalten.

Vom Brunnen führt eine starke Störung (B) weiter. Am Pflanzenwuchs kann man hier sehr genau die Auswirkung der Störzone identifizieren.

Maria Laach

Abteikirche

Maria Laach gilt als einer der bedeutendsten Wallfahrtsorte im Rheinland. Schon die äußere Gestalt der jetzigen Klosterkirche signalisiert, daß man sich dort für den Mittelpunkt schlechthin hielt. Während sich alle anderen von uns untersuchten kirchlichen Bauwerke anhand der Zahl ihrer Kirchtürme eindeutig typisieren lassen, scheint dies bei Maria Laach nicht möglich zu sein. Wie viele Kirchtürme hat das Bauwerk: vier oder sechs? Vier plus zwei, würde ich sagen.

Meinem Ärger über Maria Laach habe ich schon an anderer Stelle in diesem Buch Luft gemacht. Eigentlich wollte ich Maria Laach einfach übergehen; ohnehin kann nicht jeder Platz von Bedeutung in dieses Buch aufgenommen werden. Aber dann mußte ich einsehen: Wir kommen an Maria Laach einfach nicht vorbei – immerhin aber an den „Betriebsingenieuren", wie man dort die Benediktiner nennt, und somit nähern wir uns dem Kern der Sache:

Maria Laach liegt auf einem hochsensiblen geomantischen Punkt, der sich zur Therapie aller psychosomatischen Beschwerden mittels der Kräfte der Natur – d.h. der Schöpfung – eignet. Diese Lage am Rand eines Eifelsees, der aus einem vulkanischen Bodeneinbruch entstanden ist, elektrisiert jeden Geomantiker. Die sensiblen Plätze und Punkte am Ufer dieses Sees wurden – wen wundert's – schon lange vor dem christlichen Zeitalter genutzt. Maria Laach wäre auch für ein Heerlager der Kelten ideal gewesen: Der Ort eignet sich in besonderem Maße dazu, Mut, Verwegenheit, Tapferkeit, Selbstlosigkeit und Listigkeit zu stimulieren.

Die heutige Kirche jedoch scheint nicht ganz auf einem optimalen Platz zu stehen. Durch Steinsetzungen – Mauern, Pfeiler, Säulen – wurde aber eine Situation geschaffen, die dem Besucher des Bauwerks durchaus nützt.

Als „Platz der Plätze" erweist sich im Falle von Maria Laach die Kapelle oberhalb des Fußwegs zur Kirche. Leider ist dem Besucher dort die Tür verschlossen. Rein technisch gesehen dient diese Kapelle dazu, eine aus dem Berg dringende Kraft auf den linken Turm der weiter unten stehenden Klosterkirche zu lenken. Sie hat somit die gleiche Funktion wie das Käppele von Würzburg (s. S. 252ff.). Ohne Zweifel besteht zwischen der Kapelle, der Klosterkirche und dem See ein direkter geomantischer Zusammenhang.

Maria Laach: Anlage vom Typ B 1
Das Bauwerk entspricht seiner Bedeutung nach dem Typ 4: Empfänger
Außer der nahen Kapelle sind keine Sender zu erkennen.

Atmosphäre: kühl, sachlich. Wenig für die Seele – alles für den Verstand!

Wirkung

- Universalanlage bei allen psychosomatischen Beschwerden
- Abzug überschießender Energien wie Unruhe, Aggressivität, Unsicherheit
- Antriebsverstärkend, stimmungsaufhellend
- Entlastung bei psychischen Problemen
- Hilfe bei Trauer und Verarbeitung von Schicksalsschlägen

Die besondere Lage am Eifelsee läßt überdies Wirkungen auf die Verbindung von Muskulatur und Nervensignalen vermuten (bioelektrische Phänomene).

Anwendung

Suchen Sie diesen Ort zu jeder beliebigen Tageszeit auf, wenn Sie sich geschwächt fühlen und für sich eine Entscheidung treffen oder sich eine Strategie für Ihr weiteres Vorgehen überlegen müssen. (Ob sich Konrad Adenauer hier die Ideen für sein künftiges Leben geholt hat? Schließlich hielt er sich während des Kriegs hier versteckt…)

- Nehmen Sie auf einer der Bänke im Kirchenschiff Platz. Meiden Sie den ersten und zweiten Sitzplatz (von den Säulen aus gesehen) einer jeden Bankreihe. Verweilen Sie einige Minuten.
- Dann begeben Sie sich in die Krypta. Verweilen Sie, wenn Sie sich stärken möchten, mehrere Minuten in der Nähe der Säulen.

- Verlassen Sie nun die Kirche und machen einen längeren Spaziergang. Auf diesem Weg oder in den Stunden danach dürften sich die Ideen einstellen, die Sie so dringend benötigen. Achtung: Auch wenn Ihnen eine Idee, die Sie schon mehrfach durchdacht und verworfen haben, erneut in den Sinn kommt, sollten Sie sich intensiv nochmals damit beschäftigen: Ihre Seele will Ihnen, angeregt durch die Situation in dieser Umgebung, etwas Wichtiges signalisieren!

Praxistip

In der weitläufigen Kirche verlieren sich außerhalb der Gottesdienste die zahlreichen Besucher. Ob Sie ohne weiteres in die Krypta gelangen, hängt von der jeweiligen Situation ab.

Empfehlung

Maria Laach ist sehr empfehlenswert. Häufiges Verweilen dürfte sich äußerst positiv auswirken. Ich rate jedem durchreisenden Geschäftsmann, Selbständigen oder Künstler, die Autobahn Köln – Frankfurt zu verlassen und hier eine Pause zu machen.

Vielleicht haben Sie ja sogar die Gelegenheit, zunächst das Kloster zu besuchen und sich anschließend einen wohltuenden Spaziergang um den See bei Maria Laach zu gönnen. Dieser Rundgang läßt die Wirkung des Klosters besonders gut spürbar werden.

Man erkennt weithin sichtbar, wie gerne die Mönche von Maria Laach vier gleich große Türme für ihre Anlage gehabt hätten.

Die Kapelle: der Geheimtip, wenn Sie das Besondere am hochsensiblen Ort der Kraft in Maria Laach suchen.

Die Madonna von Maria Laach. Hier lohnt sich die Peilung zum See.

Nur der Mittelgang ist aufladend.

In der Krypta erreichen Sie einen Ruhezustand und Aufladung.

Marienthal

Kirche zur Schmerzhaften Mutter Gottes

Franziskaner betreuen den Wallfahrtsort zur Schmerzhaften Mutter Gottes. Das Hochfest dieser Anlage wird am 15. August gefeiert. Das bedeutet, daß die Wirkungen dieser Stätte um das Fest Maria Himmelfahrt – nach dem Sonnenhöchststand – besonders ausgeprägt sind.

Auf einer Anhöhe des Taunus oberhalb von Geisenheim in einem engen Tal des Rheingaus steht die Kirche mit dem Hauptschiff senkrecht zum Berghang. Zahlreiche Reflektoren – Brunnen, Statuen, Kreuzwegstationen – wurden von Wissenden schon vor langer Zeit aufgestellt. Den heute lebenden Verwaltern des Ortes sollte man eine Rüge erteilen, weil sie zugelassen haben, daß außerhalb der Kirche Eisenposten und eine Dachkonstruktion gebaut wurden. So werden die Frommen zwar vor Regen geschützt, aber die Anlage scheint etwas aus dem Lot der ursprünglichen Ausrichtung auf die örtlichen Wirkungen geraten zu sein.

Historiker vor Ort, die sich eines Tages (vielleicht angeregt durch diese Publikation) intensiver mit der Vergangenheit des Platzes beschäftigen, werden vermutlich feststellen, daß es sich um einen der Orte handelt, die kreisförmig um ein großes Heiligtum angelegt wurden. Dessen Zentrum muß sich tief im Taunus befunden haben; es zu identifizieren wäre eine Aufgabe für Interessierte, die im Taunus wohnen.

Zu Beginn unserer Rundreise konnte ich diesen Ort noch nicht richtig einordnen, weil mir der Blick für Details fehlte. Erst nach dem Besuch von Jungingen und Beuren, die zu einer uralten Anlage mit der heutigen Hohenzollernburg Hechingen als Zentrum gehören (s. S. 160ff.), wurde mir klar, daß Marienthal den positiven Pol innerhalb eines Kreises aus Orten bildet.

In diesem Zusammenhang entdeckte ich auch eine überraschende Parallele: Reichskanzler von Bismarck besaß unweit von Marienthal ein Weingut – und sein Leibarzt restaurierte in Sichtweite von Burg Hohenzollern bei Hechingen eine alte Kraftanlage der Urbewohner! Was wußten und wie nutzten Bismarck und sein Leibarzt die Geomantie und die Kräfte der Erde?

Doch auch die Geistlichkeit kannte offenbar die Geheimnisse um die Kräfte des alten, abgetragenen Gebirges, das wir heute Taunus nennen. Unweit von Marienthal befindet sich das Kloster Eberbach. Heute mehr als Pilgerstätte für Weinkenner und Weinauktionäre bekannt, dürfte es einst jener alten Kultanlage angehört haben. Und von Bad Nauheim, das auf der anderen Seite des Taunus liegt, ist bekannt, daß schon die Kelten dort heilkräftige Quellen für sich nutzten.

Bei der Beurteilung der „Klause" Marienthal (die in Wirklichkeit ein Kloster ist) spielt das Kloster Eberbach eine entscheidende Rolle: Die Frommen von Marienthal hatten die hier austretenden Kräfte aufzunehmen und an das Kloster Eberbach zu senden.

Zur besseren Einordnung dieses „Gnadenortes" sollten wir seine Geschichte nicht allein mit frommem Blick lesen. Bereits 1309 stand in Marienthal eine Markierung: ein Marienbild. Ein Jäger, der durch einen Unfall das Augenlicht verloren hatte, erinnerte sich dieser Markierung, die an einem Baum befestigt war. Er ließ sich dort hinführen, um zu beten. Als er sich nach dieser „Bestrahlung" (oder Reharmonisierung seines seelischen Konflikts) erhob, konnte er wieder sehen.

1313 errichtete der Dienstherr des Jägers an dieser Stelle eine Kapelle. Die an jenem Jäger beobachteten Effekte wurden so durch ein kleines Bauwerk verstärkt und kanalisiert. Von da an jedenfalls berichteten die Menschen von immer neuen wunderbaren Heilungen. Man begab sich an diesen Ort, hieß es, um Maria seine Sorgen und Nöte anzuvertrauen.

Die Geschichten um die Entstehung des Wallfahrtsortes deuten allesamt auf jene Wirkungen, die auch heute noch hier festgestellt werden können. Unsere radiästhetischen Messungen ergaben folgende Kraftlinien und sensiblen Punkte:

- Ein starker abladender Strahl durchdringt, aus dem Berg kommend, das Gebäude in Längsrichtung. Die Marienstele in Inneren der Kirche markiert diese Achse.
- Ein mittelstarker Strahl aufladender Energien läßt sich in der Querachse auch außerhalb des Gebäudes feststellen.
- Die erste Kreuzwegstation am Berghang nahe der Kirche ist als einer der örtlichen Gegenpole zu identifizieren.
- Ein weiterer ursprünglicher Verbund mit anderen Anlagen in der Umgebung und auf den umliegenden Bergen ist sehr

wahrscheinlich, konnte aber nicht genauer untersucht werden.

Marienthal: Anlage vom Typ B Das Bauwerk entspricht seiner Bedeutung nach Typ 0: Sender *Atmosphäre: heitere Ruhe*

Wirkung

Leiden Sie unter Streß und Nervosität mit Herz-Kreislauf- oder Blutdruckproblemen?

Rasen Sie meist mit Ihrem Auto? Kann Ihnen beruflich, in der Schule oder im Haushalt nichts schnell genug gehen? Setzen Sie sich selbst unter Leistungsdruck? Haben Sie häufig mit Ihrem Ehepartner Streit? Oder leiden Sie an einer Stimmungskrise des Lebens („Ich möchte noch mal 20 sein")?

In allen diesen Fällen könnte Marienthal Ihnen Heilung bringen:

- Linderung psychosomatischer Beschwerden mit Symptomen wie Unruhe, Hektik, Ungeduld
- Befreiung von Seelenschmerz, psychischer Belastung jeder Art und pessimistischer Zukunftsperspektive
- Umpolung in Richtung einer optimistischen, zuversichtlichen Stimmung mit Festigung der Psyche

Anwendung

- Begeben Sie sich allein, ohne jede Begleitung, nach Marienthal.
- Nehmen Sie sich dort zwei bis drei Stunden Zeit.
- Unternehmen Sie zunächst einen Spaziergang in der Umgebung von Marienthal, um sich von der Anreise zu „reinigen". Dieser Rundgang sollte Ihren Kreislauf nicht belasten, also bitte keine hohen Pulsfrequenzen provozieren. Falls ein Spaziergang Sie zu sehr anstrengt, nehmen Sie einfach außerhalb der Anlage irgendwo für dreißig Minuten Platz.
- Begeben Sie sich nun in die Kirche. Verweilen Sie ca. zwanzig Minuten auf einem Punkt der Linie, die Sie auf Seite 198 markiert finden.

- Versuchen Sie die Ruhe auf sich einwirken zu lassen. Zwingen Sie sich zu nichts. Wenn das ruhige Verweilen an diesem Ort Sie zu müde macht, brechen Sie Ihren Besuch in der Kirche einfach ab.
- Suchen Sie sich anschließend für weitere zwanzig Minuten außerhalb der Kirche einen Platz.

Praxistip

In der Nähe liegen sowohl das Kloster Erbach als auch die Kirche, in der die Gebeine der Hildegard von Bingen verwahrt werden. Zu beiden Anlagen besteht möglicherweise ein Zusammenhang.

Empfehlung

- Suchen Sie diesen Ort auf, wenn Sie vor schwierigen privaten oder geschäftlichen Entscheidung stehen, um aus einem inneren Gleichgewicht heraus Ihre Entscheidung zu treffen.
- Entscheiden Sie jedoch nicht vor Ort: Verlassen Sie Marienthal und lassen noch zwei bis drei Tage vergehen. Meist merkt man selbst, ab wann man seine Entscheidung fällen kann.

Nach der Anwendung

Nach Möglichkeit – vor allem dann, wenn Sie den Ort wegen schwerwiegender Probleme aufgesucht haben – sollten Sie sich nicht sofort ins Auto setzen, sondern nochmals einen kurzen Spaziergang machen und anschließend Ihrem Körper etwas Angenehmes gönnen. Fahren Sie an einen Ort, den Sie lieben, wo sie sich gerne aufhalten, und verwöhnen Sie sich dort noch ein bißchen.

Aufladende (A) und abladende (B) Zonen in Marienthal

Unmittelbar vor der Marienstele befindet sich der Ort der aufladenden Kraft.

Ansicht der Wallfahrtskirche Marienthal

Außenanlage in Marienthal

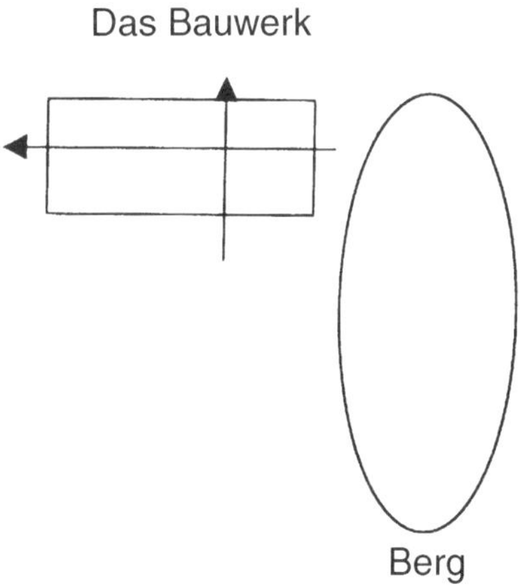

Ottobeuren

Basilika

Die Geschichte der Benediktinerabtei Ottobeuren läßt sich bis ins 8. Jahrhundert (764 n. Chr.) zurückverfolgen. Die heutige Kirche wurde Anfang des 18. Jahrhunderts neu erbaut. Hierbei wurden in den Fußbodenfliesen sehr deutliche Markierungen hinterlassen, so daß sich Ottobeuren als Modellanlage hinsichtlich der Heilkraft der Kirchen präsentieren würde, wenn der Einbau von Heizung, Klimainstallationen und andere Veränderungen in den Untergeschossen des Gebäudes die Funktionen der Anlage nicht beeinträchtigt hätten.

Die Hauptwirkung konzentriert sich auf den rechten Turm, wo sich im Eingangsbereich ein Kreuzungspunkt befindet. Durch geschickte Planung des Gesamtbauwerks wurden im Inneren dieses Gebäudes Zonen von aufladender, abladender und neutraler Erdkraft geschaffen. Was auf den ersten Blick wie eine prächtige Verzierung des Fußbodens aussieht, ist also in Wirklichkeit ein steinernes Lehrbuch, das die Eingeweihten der Nachwelt hinterlassen haben. Sicher wußten sie, daß die Kenntnisse der Möglichkeiten, die Kräfte der göttlichen Schöpfung zu nutzen, immer wieder verloren gehen. Doch talentierte Sucher stoßen auch immer wieder auf die eindeutigen Effekte und die Spuren in Stein.

Ottobeuren war ursprünglich so angelegt, daß von den Hügeln, Kirchen und Kapellen, die das Kloster umgeben, den Mönchen „zugebetet" wurde. Die Klosterkirche ist somit der Empfänger; die anderen Plätze in der Umgebung, etwa die Buschelkapelle (ehemals Burg) oder die Kirche auf dem Theinselberg (heute evangelische Kirche), dienen als Sender.

Die Positionen der Altäre und die Zeichnung der Bodenfliesen sind in Ottobeuren heute noch stimmig. Die „Priesterlinien", wie man sie im Fachjargon nennt, laufen auf einen Punkt zu, den wir als „Superpunkt" der Anlage bezeichnen können. Im Boden finden sich dort zwei große sternförmige Mosaike. Der runde Mittelpunkt des einen Sterns ist der Priesterpunkt: Hier lud man geistig auf, als die Anlage noch voll in Funktion war; es ist der Eingebungs-, Erleuchtungs- und Visionspunkt, die Position, an der man bei entsprechender Veranlagung und Vorbereitung begonnen hätte, „innerlich zu brennen". Heute jedoch funktioniert er nur noch „auf Sparflamme".

Damit stellt sich eine Aufgabe für ortsansässige Radiästhesisten: Sie sollten diesen Priesterpunkt ständig überwachen, um herauszufinden, ob er möglicherweise nur tages- oder jahreszeitlichen Schwankungen unterliegt oder sein Funktionieren doch durch die von uns vermutete unwissentliche Störung beeinträchtigt ist.

Neben diesem einstigen „Erleuchtungspunkt" erkennt man im Boden einen zweiten Stern, dessen Mittelpunkt viereckig ist. Das ist der „körperliche" Punkt in dieser Anlage: Wer körperliche Heilung sucht, sollte dort verweilen.

Was in Ottobeuren leider heute nicht mehr stimmt, ist die Positionierung der Bänke bzw. der Bestuhlung. Vermutlich um möglichst vielen Besuchern eine Sitzgelegenheit zu bieten, hat man die Bänke willkürlich aufgestellt. Das führt zu recht kuriosen Situationen, die in den Abbildungen auf S. 206 f. zu sehen sind.

Und noch etwas: Aufgrund der Größe der Gesamtanlage erkennt man nicht sofort, daß es sich hier um insgesamt vier Kirchen in einer handelt. Entscheidende Hinweise liefert auch in dieser Hinsicht das Muster im Fußboden, das einer Gebrauchsanweisung entspricht, wenn man die Dekorationen der Seitenaltäre und die einzelnen Zacken der beiden Sterne in Zusammenhang bringt.

Ottobeuren: Anlage vom Typ B2
Das Bauwerk entspricht seiner Bedeutung nach Typ 2:
Empfänger

Atmosphäre: heiter und optimistisch

Wirkung

- Linderung aller psychosomatischer Beschwerden (Universalanlage)
- Förderung und Steigerung der Geisteskraft
- Entlastung bei psychischen Problemen, Hilfe bei Trauer und Verarbeitung von Schicksalsschlägen

Anwendung

- Wenn Sie sich geschwächt fühlen und/oder für sich eine Entscheidung treffen müssen, können Sie diesen Ort zu jeder beliebigen Tageszeit aufsuchen.
- Setzen Sie sich in eine Bank des Kirchenschiffs und verweilen dort einige Minuten.
- Wenn Sie sich stärken müssen, verweilen Sie sodann
  - bei geistigen Problemen mehrere Minuten genau auf dem runden Mittelpunkt des Sterns und
  - bei körperlichen Problemen auf dem eckigen Mittelpunkt des Nachbarsterns.
- Anschließend nehmen Sie wieder auf einer Bank des Kirchenhauptschiffs Platz und verharren dort noch so lange, wie Sie möchten.

Praxistip

Aufgrund der Größe der Kirche verlieren sich die zahlreichen Besucher. Außerhalb der Gottesdienste ist die Basilika ein guter Platz zum Verweilen.

Empfehlung

Ottobeuren ist uneingeschränkt empfehlenswert.

Nach der Anwendung

Wenn Sie die Kirche verlassen, wenden Sie sich nicht nach links zu den Parkplätzen: Dort durchschreitet man eine Störzone. Am besten ist es, wenn Sie sich nach rechts – in den Ort hinein – von der Kirche entfernen.

Vom Turm geht eine Zone der Kraft aus (A). Einige Meter weiter findet sich ein abladender Effekt (B).

Eine Zone, die man in Ottobeuren meiden sollte

Das Muster im Fußboden erleichtert die Identifizierung der Plus-Zone (A), die den depremierten, traurigen Besucher wieder aufbaut.

Auf diesem Bild sind die Bänke so gestellt, daß praktisch nur der erste Sitz von der Mitte zu empfehlen ist. Zwei abladende Zonen verlaufen quer.

Die A-Linien mit aufbauender Charakteristik lassen sich im Bodenmuster schnell finden.

Die Lage der aufladenden Zonen ist eindeutig am Bodenmuster zu erkennen.

Auch hier ist die „steinere Gebrauchsanweisung" leicht zu lesen.

Eine weitere Seite des „steineren Lehrbuchs" in Ottbeuren.

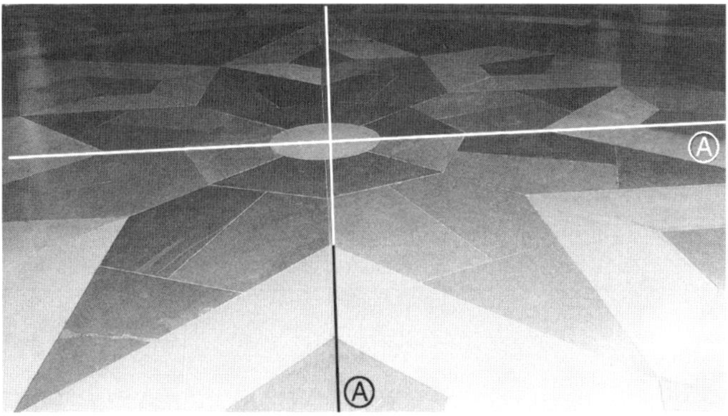

Beide Bilder zeigen die Superpunkte in Ottobeuren.

Rohr

Klosterkirche Mariä Himmelfahrt

Rohr ist ein bekannter niederbayerischer Wallfahrtsort, den man über die Autobahn A 93, Abfahrt Abensberg/Rohr, bequem erreicht. Das ehemalige Augustiner-Chorherrenstift wird mittlerweile von Benediktinern bewohnt. Die heute negative Atmosphäre, verursacht durch Zurschaustellung von Skeletten, steht in schroffem Gegensatz zur ursprünglichen Grundkonzeption dieser Anlage.

Rohr befindet sich auf einem Punkt, der dem Besucher Euphorie und Optimismus einflößt und die Psyche auf „himmelhochjauchzend" polt – kein Platz, an dem man ein Noviziat einrichten sollte, denn die Erdkräfte steigern mit der allgemeinen Lebenslust auch die mit dem Gelübde unvereinbaren Gelüste.

Das Gelände ist hügelig, so daß die Zusammenhänge zwischen Sender und Empfänger zunächst verschleiert sind. Aber mit kundigem Blick erkennt man recht bald, daß zwei Kapellen am Ort als Sender/Verstärker für die Klosterkirche dienen. Diese scheint ihrerseits zum Kloster Weltenburg an der Donau in Bezug zu stehen – was im übrigen erklärt, warum sie mit nur einem Kirchturm versehen wurde.

Die Anlage als solche scheint in Funktion zu sein. Sie würde aber wesentlich effizienter wirken, wenn man den Skeletten einen guten Platz in der Erde zuweisen würde.

Rohr: Anlage vom Typ B
Das Bauwerk entspricht seiner Bedeutung nach dem Typ 1: Sender
Empfänger ist die Kirche oberhalb des Klosters Weltenburg an der Donau
Atmosphäre: Wechselbad zwischen Hochstimmung und Kater

Wirkung

Haben Sie Probleme in der Ehe oder Partnerschaft? Macht Ihnen nichts so richtig Spaß? Dann kuren Sie in Rohr:

- Linderung psychosomatischer Beschwerden durch depressive Stimmungen, Kleinmut oder Antriebsschwäche
- Steigerung der Lust und Freude am Leben
- Harmonisierung
- Befreiung von Streß, innerer Erregung, negativer Einstellung zu allen Problemen des Lebens

Warnung:

Vorsicht beim Abbau überschießender Energien: Wer aggressiv ist, wird vorerst noch aggressiver usf.

Anwendung

- Schon ein Aufenthalt von dreißig Minuten in dieser Umgebung müßte Ihnen helfen können.
- Setzen Sie sich zuerst in eine der Bankreihen unmittelbar an den Säulen. Verweilen Sie dort nach freiem Ermessen, solange Sie sich wohl fühlen, jedoch nicht länger als dreißig Minuten.
- Danach gehen Sie in den vorderen Teil der Kirche und stellen sich für einige Minuten genau auf den Kreuzungspunkt zwischen der Mittellinie des Hochaltar und der im Grundriß eingezeichneten Linie (s. Abbildung S. 214).
- Verlassen Sie die Kirche möglichst auf der Verlängerung der Mittellinie, die durch den Hochaltar führt.

Praxistip

Die Anlage wird von den Benediktiner organisiert. Die Pilgerstätte ist außerhalb der Pilgerzeiten nicht überlaufen. Sie ist ideal für eine „seelische Kur" und für jeden, der einen seelischen Kick braucht.

Empfehlung

Wenn Sie an sich selbst beobachten, daß Sie keinen Spaß am Leben, am Beruf, an Ihrer Familie usf. haben, suchen Sie tagsüber diesen Ort auf.

Nach der Anwendung

Nutzen Sie das neu gewonnene Lebensgefühl: Gehen Sie unter Menschen, gießen Sie Ihre Freude am Leben aus. Es muß ja keiner wissen, wie Sie zu diesem Schatz gekommen sind.

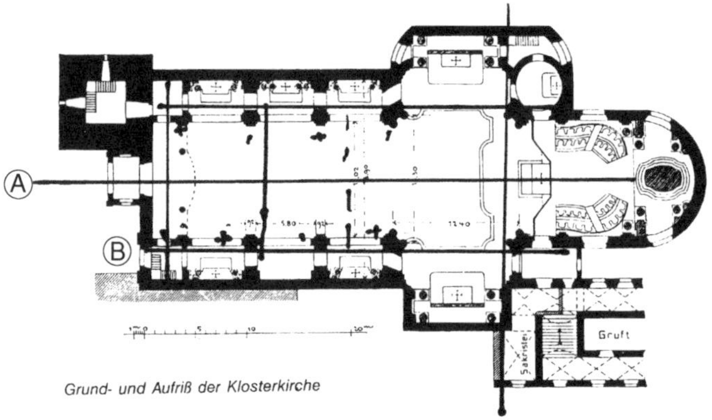

Grund- und Aufriß der Klosterkirche

Nur die Mittellinie ist positiv, d.h. Kraft aufladend.

Meiden Sie die Bänke genau auf der Mittellinie zwischen den Seitenaltären (B), es sei denn, Sie wollen bewußt wieder auf den Boden der Tatsachen kommen.

Die abladende Linie zwischen den Seitenaltären

Ernüchterung durch Energieabzug bessert die Linie (B).

Den Effekt einer positiv aufladenden Kraft kann man in Rohr auch außerhalb der Klosterkirche erleben (A).

Nur die Mittellinie zum Hochaltar sowie jeweils die Mitte der Bänke sind als Verweilplätze in Rohr zu empfehlen.

Rot an der Rot

Klosterkirche St. Verena – Bruderschaftskirche St. Johann

Das Prämonstratenser-Chorherrenstift in Rot wurde im 12. Jahrhundert gegründet, also während der hohen Zeit der Klostergründungen der besonderen Art. Als Ortschaft mit Kirche und Wirtshaus wurde Rot erstmals um 1100 erwähnt, rund hundert Jahre vor der Ankunft der frommen Männer aus Frankreich.

Ob reine Politik oder Sachkunde zur Wahl dieses Ortes führte, läßt sich nicht mehr mit Bestimmtheit sagen. Ich vermute, daß man die Wirkungen im Umkreis dieses Platzes schon lange vor der Gründung des Klosters kannte. Zu diesen Effekten zählen insbesondere: Inspiration, d.h. Kreativität, verknüpft mit Euphorie! Eine solche Anlage ist selten. Chartres, Cluny und Thoule in Frankreich gehören dazu. Im Raum Deutschland, Österreich und Schweiz ist sie das einzige mir bekannte Beispiel.

Der Radiästhesist bemerkt rasch, daß hier vor 800 Jahren Experten am Werk waren. Später, als man es mit den geomantischen Phänomenen nicht mehr so genau nahm, wurde die Anlage umgebaut, erweitert etc., wodurch manche der ursprünglichen Effekte abgeschwächt wurden. Doch die Anlage funktioniert weiterhin, und die Wirkungen sind für den Besucher auch heute noch deutlich spürbar.

Die Klosterkirche St. Verena wurde als Empfänger mit zwei Kirchtürmen errichtet, dem die Kirchen in der Umgebung „zubeten" mußten. Das nahegelegene Ochsenhausen, ebenfalls auf dieser geomantischen Linie am Berghang gelegen, nutzte gleichfalls die Effekte, tat jedoch baulich nichts, was die frommen Brüder in Rot stören könnte.

Die tiefergehende radiästhetische Untersuchung zeigt, daß Jahrhunderte nach Gründung des Klosters ein noch stärkerer Ort der Kraft in der Nähe entdeckt worden sein muß. Dort im Tal steht, leider von einem Friedhof umgeben, heute die Kirche St. Johann. Sie bezieht aus einem Berghang ihre geomantische Energie, die sie zur Klosterkirche St. Verena in Rot weiterleitet.

Zahlreiche Details lassen erkennen, daß die Klosteranlage exakt die geomantischen Gegebenheiten am Ort ausnutzt – mit der Folge, daß Geisteskraft und Euphorie insbesondere die im Kloster Lebenden beseelten. In einen Stich von 1720 haben wir die Linien eingezeichnet, die das Heilige Dreieck und den auch heute noch vorhandenen Brunnen markieren, der ursprünglich von zentraler Bedeutung war (s. Abb. auf S. 224).

Durch die Nutzung dieser Effekte wurde das heute verkehrstechnisch völlig abgelegene Rot zu einem bedeutenden geistigen Zentrum. Das wird deutlich, wenn man sich die von Rot ausgehenden Klostergründungen vor Augen führt: Die Konzeption von Anlagen, wie sie heute in Steingaden (Wieskirche), Steinhausen (Dorfkirche), Kloster Weißenau bei Ravensburg, Schussenried, Kaiserslautern und Obermarchtal sowie im österreichischen Wilten stehen, wurden von hier aus nachhaltig beeinflußt – möglicherweise allesamt Versuche, das Phänomen von Rot in die weitere Umgebung zu tragen.

Das eigentliche Geheimnis von Rot finden sich in seinem ehemaligen Brunnen und in der Kirche St. Johann im Tal – auch wenn wir in Rot niemanden getroffen haben, der darüber noch etwas zu berichten gewußt hätte. Die Klosterkirche selbst ist heute anscheinend außer Funktion.

Dagegen ist ein Besuch der in Sichtweite befindlichen kleineren Kirche St. Johann empfehlenswert – ein süddeutscher Geheimtip für alle, die nach Eingebung, Erleuchtung oder christlicher Mystik streben.

Rot an der Rot: Anlage vom Typ B1
Gegenpol: St. Johann im Tal
Das Bauwerk entspricht seiner Bedeutung nach Typ 2: Empfänger

Atmosphäre in St. Verena: unscheinbar; in St. Johann: sonnig

Wirkung von St. Verena

- stimmungsaufhellend, stimmungshebend bis hin zur Euphorie
- Befreiung von Streß, innerer Erregung, Unruhe
- Abbau überschießender Energien in Richtung auf ausgeglichenere Grundstimmung

Wirkung von St. Johann

Im Inneren der Kirche St. Johann finden sich mehrere Plätze, an denen Sie sich geistig aufladen können: Eine Linie verläuft zwischen den beiden Holzsäulen vor dem Altar. Eine weitere findet sich neben den Bänken im Mittelgang. Der „Punkt der Punkte" aber ist an einer Stelle, die sich von den anderen Steinfliesen in der Kirche durch einen dunklen Fleck abhebt.

Anwendung in St. Verena

- Suchen Sie den Ort vormittags und gegen Mittag auf. Halten Sie sich auf der Linie Brunnen – Kreuzigungsgruppe außerhalb der Kirche auf. Je weniger verstimmt Sie sind, desto näher gehen Sie an den Brunnen heran. Je unruhiger, gehetzter Sie sich fühlen, desto näher bei der Kreuzigungsgruppe (Abbau der negativen seelischen Potenz) sollten Sie sich zu Beginn Ihres Besuchs in Rot aufhalten.
- Sodann setzen Sie sich für fünf bis zehn Minuten auf den Brunnenrand.
- Anders als bei den meisten anderen Kirchen, die in diesem Buch beschrieben werden, können Sie sich anschließend zur Entspannung in die Kirche setzen.

Anwendung in St. Johann

- Kommen Sie kurmäßig nach St. Johann.
- Wenn Ihnen das nicht möglich ist, besuchen Sie an mehreren aufeinanderfolgenden Tagen – wenn möglich, vor allem abends, zumindest aber morgens und mittags – die Anlage.
- St. Johann ist eine der Anlagen, in denen man eine Nacht betend verbringen sollte.
- Versuchen Sie die Ruhe auf sich einwirken zu lassen. Zwingen Sie sich zu nichts. Wenn das ruhige Verweilen an diesem Ort Sie zu müde macht, brechen Sie Ihren Besuch in der Kirche einfach ab.
- Wer mehr erreichen will, wird instinktiv wissen, was er für sich zu tun hat.

Praxistip

St. Johann ist täglich ab ca. neun Uhr geöffnet. Als wir die Kirche besuchten, war außer uns niemand anwesend.

Auch die Klosterkirche in Rot ist wenig besucht, und man kann sich dort frei bewegen.

Empfehlung

Wer den weiten Weg nach Chartres in Frankreich scheut, ist hier gut – ich meine sogar, noch besser – aufgehoben. Die Mönche von Rot wußten sehr genau, was sie taten.

Die Anlage ist für Geschäftsleute, kreativ arbeitende Menschen, Selbständige und Erfinder zu empfehlen.

Rot an der Rot ist insbesondere zu empfehlen für Sucher nach dem Weg zu Gott.

Nach der Anwendung

Nach dem Besuch in Rot sollten Sie in der Umgebung spazieren gehen: Was Sie nun benötigen, ist Naturnähe.

Die beiden Seitenaltäre und der Hauptaltar bilden in der Kirche St. Johann den Punkt der Punkte in dieser Kirche.

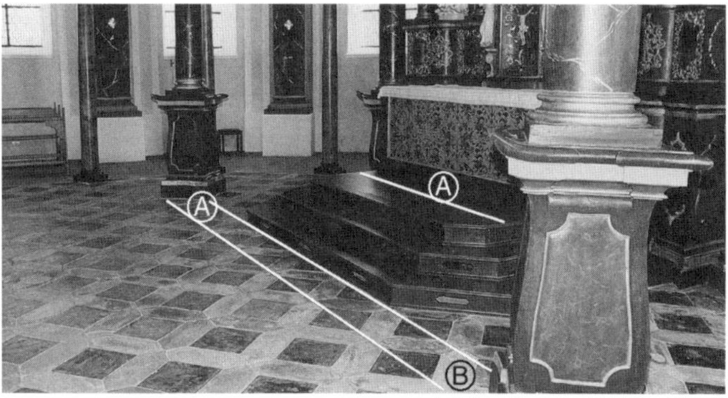

Auf der Linie zwischen den beiden Säulen ist eine abladende Zone (B). Hier sollte man nicht Meßdiener sein.

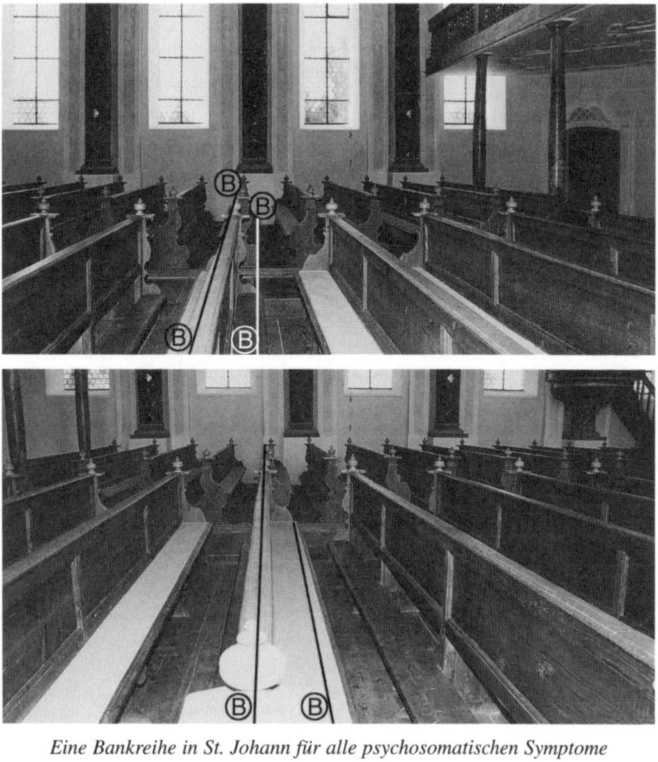

Eine Bankreihe in St. Johann für alle psychosomatischen Symptome (durch die B-Linien markiert), die durch Hektik, Nervosität, Hyperaktivität verursacht werden.

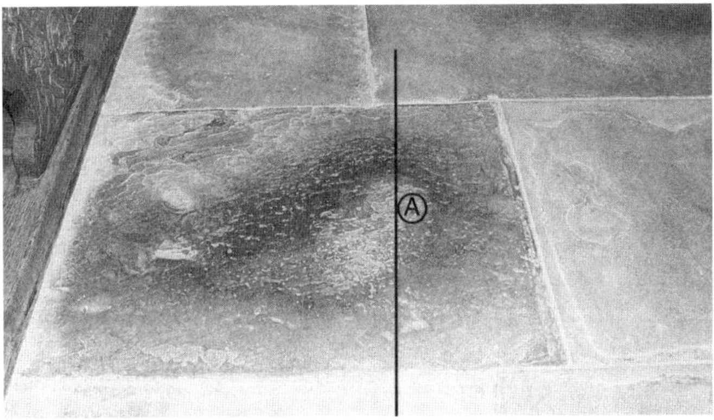

Ein stark aufladender Punkt (A) läßt sich anhand der Bodenplatte schnell wiederfinden.

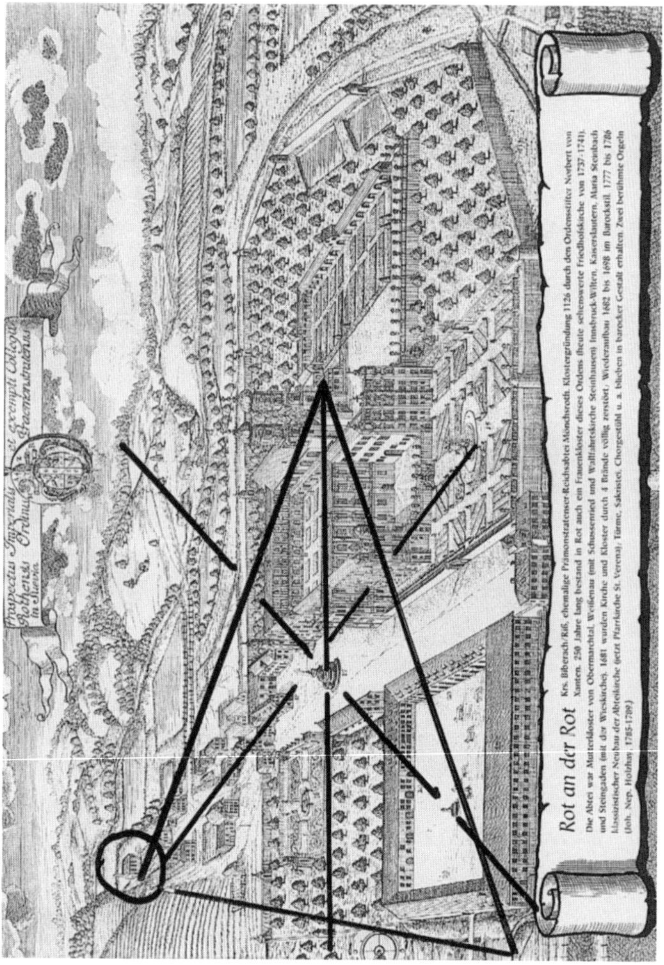

Die Klosterkirche St. Verena

Klosterkirche in Rot: Die Effekte liegen im hinteren Teil des Kirchenschiffs.

Suchen Sie die mit der A-Linie markierte Bankreihe auf. Hier können Sie besonders schnell Kraft laden.

Mittels Brunnen und Kreuzigungsgruppe wurde hier eine Zone (B) markiert, an der hektische, nervöse und hyperaktive Menschen sich beruhigen können

Vierzehnheiligen

Basilika

Der von Franziskanerinnen betreute Wallfahrtsort nahe Staffelstein ist als Ort der Kraft schon seit dem 14. Jahrhundert bekannt. Ursprünglich wurde er von Dominikanern eingerichtet, und viele Indizien lassen uns vermuten, daß hier Könner am Werk waren. Die heutige Basilika hat Baltasar Neumann Mitte des 18. Jahrhunderts erbaut.

Vierzehnheiligen ist zusammen mit Kloster Banz eines der wenigen Beispiele für eine Anlage vom Typ B3: Auf beiden Seiten der Donau scheint auf den Anhöhen ein Empfänger zu stehen; doch entgegen dem Anschein ist Vierzehnheiligen der Empfänger und Banz der Sender!

Erst ein Blick auf die Karte zeigt uns, warum sich das so verhält. Als Mittelpunkt einer Anlage entspräche Vierzehnheiligen genau dem Anlagetyp der keltischen Cromlechs oder „Räder". Tatsächlich empfängt Vierzehnheiligen von Staffelstein, den Kirchen von Uetzing, Oberlangenheim, Klosterlangenheim Mistelfeld, vom Burgberg Lichtenfels sowie von Weingarten und Kloster Banz.

Somit entspricht Vierzehnheiligen dem Typ Burg Hechingen (siehe Kapitel zu Jungingen, Seite 160ff) und bildet wie diese den Mittelpunkt der Anlage. Da Vierzehnheiligen in geomantischer Hinsicht noch voll in Funktion ist, können wir von hier aus radiästhetische Rückschlüsse auch auf die Hohenzollernburg ziehen, die sich als Ort der Kraft durch ihre Befestigungsanlagen selbst geschwächt hat.

Die Messungen ergaben ein klares Konzept, das die Erbauer von Vierzehnheiligen umgesetzt haben. Eine positive Kraftzone verläuft wie eine Mittellinie durch das gesamte Gebäude und wird zwischen Hochaltar und Gnadenaltar von zwei weiteren Linien der positiven Kraft gekreuzt. Das ist der „Punkt der Punkte" innerhalb dieser Kirche.

Der Gnadenaltar selbst ist rundum von abziehender Kraft umgeben.

Ein weiterer Punkt der Aufladung befindet sich im Kreuzungsbereich der Mittellinie, die vom Hauptaltar nach Westen führt, und der Mittellinie zwischen den beiden Altären von Peter und Paul.

Vierzehnheiligen: Anlage vom Typ A (wenn man Vierzehnheiligen als Mittelpunkt der Anlage sieht)
Vierzehnheiligen/Banz: Anlage vom Typ B3
Das Bauwerk entspricht seiner Bedeutung nach Typ 2: Empfänger. Im Grunde müßte diese Anlage einen dritten Turm besitzen, auf den vermutlich mit Rücksicht auf Kloster Banz (gleichfalls zwei Türme) verzichtet wurde.

Atmosphäre: angenehm lichtvoll

Wirkung

Was auch immer Sie bedrückt, woran auch immer Sie leiden – in Vierzehnheiligen ist der richtige Kurort für Sie. Das gilt natürlich auch für Menschen mit psychosomatischen Beschwerden, die durch seelischen Kummer, Herzeleid und Trauer ausgelöst werden.

Besondere Wirkungen:

- auf dem Schnittpunkt zwischen Hauptaltar und Gnadenaltar: Linderung oder Heilung von psychosomatischen Beschwerden
- auf der Mittellinie zwischen den Altären Peter und Paul: Linderung von Leidensdruck, übermäßiger Trauer, Verlustsymptomatik, körperlicher Verstimmung aufgrund von Gewissenskonflikten oder depressiver Grundstimmung
- im Bereich des Gnadenaltars: Abbau von überschießender Energie, zum Beispiel bei starken Gefühlsausbrüchen; tröstend und stimmungsaufhellend; Befreiung von Streß, innerer Erregung, negativer Einstellung zu allen Problemen des Lebens

Anwendung

- Kommen Sie kurmäßig nach Vierzehnheiligen, oder besuchen Sie, falls Ihnen das nicht möglich ist, an mehreren aufeinanderfolgenden Tagen die Anlage.
- Umrunden Sie ganz langsam mehrmals den Vierer-Altar. Verweilen Sie an den Ecken jeweils zwei bis drei Sekunden.

- Dann stellen bzw. setzen (vor der Gnadenkapelle sind Gebetsbänke) Sie sich für etwa zehn Minuten auf einen der beiden im Grundriß (S. 231) eingezeichneten Kreuzungspunkte.
- Versuchen Sie die Ruhe auf sich wirken zu lassen, auch wenn die äußere Unruhe, die durch die Besucher der Kirche verursacht wird, Sie stören sollte. Sie sollten dahin gelangen, alles um sich herum zu vergessen. Zwingen Sie sich aber nicht zu einer solchen Konzentration. Wenn die äußere Unruhe an diesem Ort Sie zu sehr stört, brechen Sie Ihren Besuch in der Kirche einfach ab.
- Wiederholen Sie Ihren Aufenthalt in Vierzehnheiligen, bis dieser Effekt nicht mehr auftritt. Falls Sie sich entschließen, einige Tage in Staffelstein zu verbringen, besuchen Sie die Orte, die in der Karte (s. Abb. S. 230) als Sender für Staffelstein markiert sind.

Praxistip

Die Organisation erfolgt durch die Franziskaner. Die Pilgerstätte ist ständig überlaufen, ruhiges Verweilen daher kaum möglich.

Empfehlung

Sie können den Ort ganzjährig aufsuchen. Tageszeitliche Besonderheiten wurden nicht beobachtet.

Nach der Anwendung

Nach dem Besuch der Wallfahrtsanlage sollten Sie sich unter Menschen begeben und sich etwas Gutes gönnen, um die erworbenen positiven Effekte zu verstärken. Belohnen Sie sich.

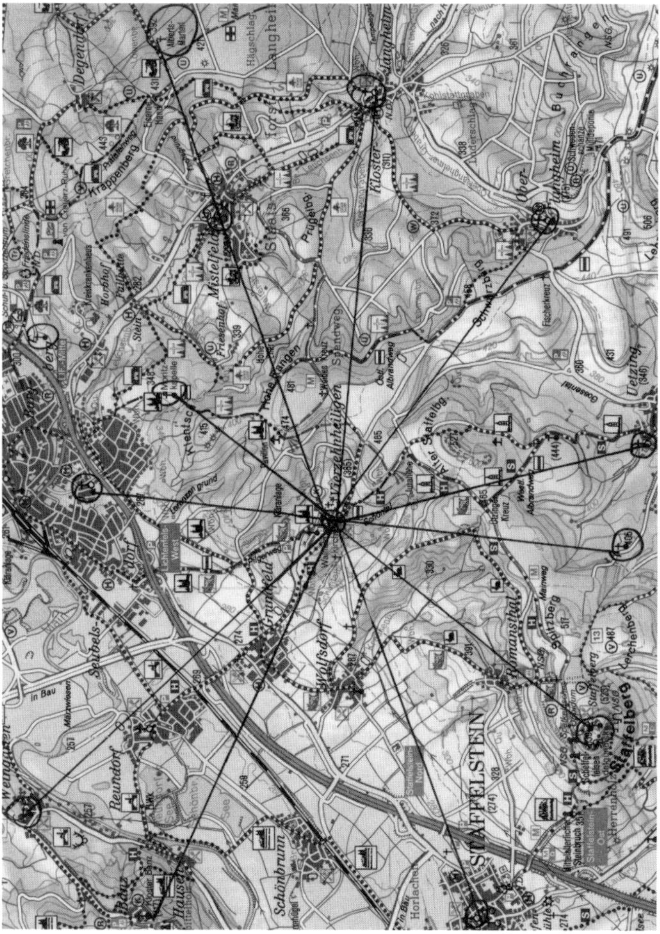

Vierzehnheiligen steht ähnlich wie Burg Hohenzollern bei Hechingen im Mittelpunkt eines keltischen „Rades". Es ist daher schwer zu entscheiden, ob es sich bei dieser Anlage um Typ A oder Typ B 3 handelt.

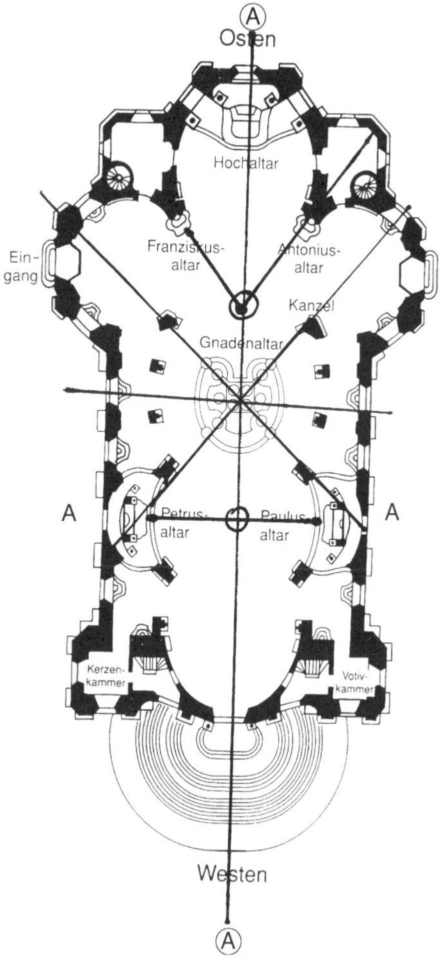

In dieser Kirche befinden sich zwei Superpunkte zum Kraftaufladen: zwischen den Altären Petrus und Paulus sowie im Schnittpunkt der Mittellinie Hochaltar und der beiden Seitenaltäre. Der Effekt des Gnadenaltars ist durch Umrunden und Verweilen an den zwei aufladenden Punkten zu erzielen.

Hier laden Sie sich mit geistiger Energie auf.

Ein weiterer Ort der geistigen Aufladung

Anhand der Bodenfliesen können Sie sich in Vierzehnheiligen vor dem Hochaltar orientieren.

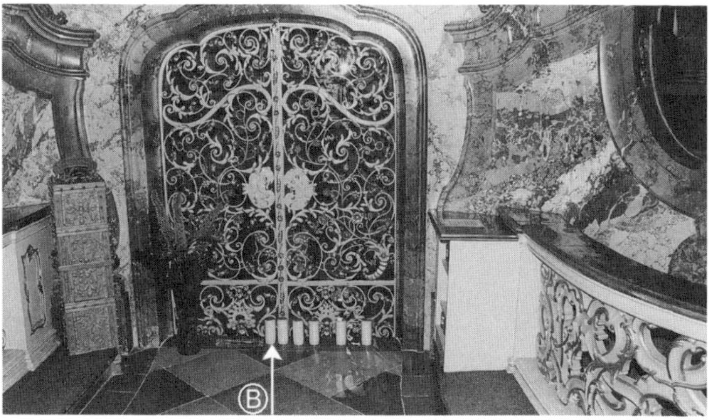

Die Stelle, wo man besonders schnell unerwünschte Energien abbaut (B).

Weggental bei Rottenburg a.N.

Wallfahrtskapelle

Der von Franziskanern betreute Wallfahrtsort Weggental liegt oberhalb der Statt Rottenburg. Durch den Baumwuchs nicht auf den ersten Blick zu erkennen, entspricht diese Anlage der von Würzburg (s. S. 252ff): Die Wallfahrtskapelle liegt auf dem Berg, als Sender für die Kirchen am Flußufer, hier am Gestade des Neckar.

Als Wallfahrtsort verfügt Weggental über eine Tradition von rund 300 Jahren, ist also noch relativ jung. Wir können nur vermuten, daß kundige Rottenburger Bauherren die Ergänzung der geomantischen Effekte ihrer Kirchen auf beiden Seiten des Neckars anstrebten.

Das „heilige Dreieck" findet man, indem man die Kirchtürme von Rottenburg am Neckar mit der Kapelle und dem Türmchen der Kirche am Wallfahrtsberg verbindet (siehe Abbildung auf Seite 239).

Auf engem Raum identifiziert man Kapelle, Marienbrunnen und ein größeres Gebäude. Die Mittellinie, die durch den Brunnen zum Hochaltar der Kirche führt, ist besonders deutlich zu erkennen.

Die Anlage als solche scheint in Funktion zu sein. Die Säulen der Kirche sind so gebaut, daß eine Plus/Minus-Situation – also eine Massage der bioelektrischen Feinkörper des Menschen zum Zwecke der Harmonisierung – erreicht wird.

Auch die Dekoration der Wallfahrtskapelle deutet auf einen Ort, an dem zum Ausgleich findet, wer infolge von Jähzorn, Streitsucht oder Aggressivität an psychosomatischen Beschwerden leidet.

Weggental: Anlage vom Typ B
Das Bauwerk entspricht seiner Bedeutung nach Typ 0: Sender; Empfänger sind die Kirchen in Rottenburg a.N.

Atmosphäre: angenehme Ruhe

Wirkung

Ärgern Sie sich rasch über Nichtigkeiten? Haben Sie oft hunderttausend Pläne für den nächsten Tag? Fühlen Sie sich manchmal heiser vor lauter Brüllen als Löwe? Sehnen Sie sich danach, daß andere einmal für Sie brüllen? Haben Sie Probleme in der Ehe oder Partnerschaft? Oder leiden Sie unter Rastlosigkeit, hohem Blutdruck, Schlaflosigkeit?

In allen diesen Fällen ist Weggental als Ort der Kraft und Heilung wie geschaffen für Sie:

- Linderung psychosomatische Beschwerden infolge innerer Unruhe, Getriebenheit und Aggressivität
- Harmonisierung
- Befreiung von Streß, innerer Erregung, negativer Einstellung zu allen Problemen des Lebens
- Abbau überschießender Energien in Richtung ausgeglichenerer Grundstimmung
- Umpolung in Richtung einer optimistischen, zuversichtlichen Stimmung mit Festigung der Psyche

Anwendung

- Schon ein Aufenthalt von dreißig Minuten in dieser Umgebung müßte Ihnen helfen können.
- Setzen Sie sich zuerst in eine der Bankreihen unmittelbar am Gang.
- Verweilen Sie dort nach freiem Ermessen, solange Sie sich wohl fühlen, jedoch nicht länger als dreißig Minuten.
- Danach setzen Sie sich für weitere zehn Minuten auf einen Sitzplatz auf der Mittellinie, die von der Kanzel ausgeht, möglichst am Mittelgang.
- Versuchen Sie die Ruhe auf sich einwirken zu lassen. Zwingen Sie sich aber bitte zu nichts. Wenn das ruhige Verweilen an diesem Ort Sie aggressiv macht, brechen Sie Ihren Besuch in der Kirche einfach ab.
- Wiederholen Sie Ihren Aufenthalt in Weggental, bis dieser Effekt nicht mehr auftritt. Die Zeitspanne spielt keine Rolle – selbst wenn Sie ein Jahr lang nach Weggental fahren müßten, ein Psychiater wäre allemal teurer.

Praxistip

Die Organisation erfolgt durch die Franziskaner. Die Pilgerstätte ist außerhalb der Pilgerzeiten nicht überlaufen. Sie ist ideal für eine „seelische Kur" ohne Störung durch allzu viele Mitmenschen.

Empfehlung

Wenn Sie feststellen, daß Sie sich über alles und jeden ärgern, suchen Sie den Ort tagsüber auf. Spätestens wenn Sie merken, daß Sie wieder einmal ungewollt Menschen beleidigt, vor den Kopf gestoßen oder unfair unter Druck gesetzt haben, sollten Sie sich eine Pause in Weggental gönnen.

Nach der Anwendung

Nach dem Besuch der Wallfahrtsanlage sollten Sie den Rest des Tages möglichst für sich allein verbringen. Dadurch erzeugen Sie in sich einen Nachhall, so daß Sie künftig sensibler erkennen können, wann Sie wieder im Begriff sind, überzogen zu reagieren.

Außerhalb der Kirche befindet sich eine Zone, in der Sie Kraft aufladen können.

Unschwer ist hier eine Absicht in der Anlage von Rottenburg zu erkennen: Der Empfänger (Kirchturm der Stadt) bekommt von mindestens drei Sendern Kraft.

Achten Sie auf die Plus-/Minus-Polung der Säulen. Ein Aufenthalt an den Seiten der Bänke lädt ab. Nur in der Mitte der Bänke ist die Situation eindeutig.

Worms

Dom – Kapelle zur lieben Frau

Auf einer Verwerfung gelegen, gehört Worms zu den geomantisch sensibelsten Zonen unseres Landes. Durch die Stadt zieht sich eine Linie, die über Steinhausen quer durch Süddeutschland und weiter über Österreich bis an das Mittelmeer zu verfolgen ist. Schon unsere Vorfahren wußten davon und errichteten wegen der offensichtlich positiven geomantischen Phänomene auf solchen Linien Befestigungen.

Ursprünglich muß der Platz, auf dem heute Worms steht, ein „besonderer Ort" gewesen sein – vergleichbar dem heutigen Chartres oder Cluny in Frankreich. Nicht umsonst gilt Worms in deutschen Sagen als die „Nibelungenstadt" schlechthin.

Lange vor dem Jahr 1000 haben die deutschen Kaiser an solchen Plätzen – dazu gehören auch Trier, Aachen und Speyer – Wohnlager errichtet, getreu dem Muster der Kelten, die Sommer- bzw. Winterlager kannten. Die deutschen Kaiser zogen von Pfalz zu Pfalz, und wenn man ihre Gewohnheiten genauer erforscht, wird man sicherlich feststellen, daß sie bei ihrem ständigen Wohnsitzwechsel einem System folgten.

Doch durch die Politik der – meist so prunksüchtigen wie unkundigen – Fürsten, Grafen und Kirchengewaltigen wurde Worms im Lauf unseres Jahrtausends hinsichtlich seiner geomantischen Wirkungen zu einem Torso demontiert.

Heute ist die Stadt ein trauriges Beispiel für eine Anlage, die zwar optisch restauriert, jedoch ihres ursprünglichen Nutzens beraubt worden ist.

Die Kirche weist vier Türme auf, was sie als bedeutenden Empfänger ausweist, der alle Kirchen in der Umgebung ursprünglich Energie sendeten. Die durch das Kirchenschiff verlaufende Mittelachse ist mit Unterbrechungen noch gut zu identifizieren und außerhalb des Gebäudes eindeutig zu messen.

Umrundet man die Anlage, so erkennt man an den Spuren im Mauerwerk, wo sich ehedem Türen, Fenster und Luken befanden. Namen wie „Kaisertür" oder ähnliches weisen noch auf die besonderen geomantischen Wirkungen dieser Maueröffnung hin.

Im Inneren des Doms beeinträchtigen vielfältige Einflüsse die Kraftströme innerhalb des Gesamtorgans: sterbliche Überreste, Öffnungen für Klimaanlagen und Materialien, die zwar mit hohem Kunstwert bearbeitet, jedoch geomantisch schädlich sind.

Einzig und allein die Kapelle zur lieben Frau zeigt eine in sich zufriedenstellende geomantische Atmosphäre. Die Mittellinie vom Marienaltar aus sowie die ersten Plätze der jeweiligen Sitzreihen zeigen beeindruckende Effekte; ausgleichende Wirkung erzielt man derzeit, indem man – auf den Altar gesehen – links auf dem zweiten Stuhl oder rechts auf dem ersten Platz nimmt. Aufbauende Wirkung läßt sich genau auf der Mittellinie vom Altar aus messen.

Worms: Anlage vom Typ C
Das Bauwerk entspricht seiner Bedeutung nach Typ 4: Empfänger; Sender sind alle anderen Kirchengebäude der Umgebung! Der Empfang scheint heute jedoch gestört zu sein. Wirkungen sind nur in der Kapelle nachweisbar. Somit ist die Intensität minimiert und entspricht einer Anlage des Typs 1 oder allenfalls 2.

Atmosphäre: museal

Wirkung in der Kapelle

- harmonisierend, aufbauend
- Abbau depressiver Stimmung
- Aufbau positiver Grundeinstellungen
- (eingeschränkt:) Linderung psychosomatischer Beschwerden, die durch depressive Grundstimmungen verursacht werden
- Abbau von Neigung zum Erbrechen

Anwendung in der Kapelle

- Suchen Sie die Kapelle ohne Umwege auf.
- Verweilen Sie an den Seitenlinien, und setzen Sie sich dann auf die Mittellinie, jeweils zwischen zwei Säulen.
- Lassen Sie die Gesamtanlage auf sich wirken. Zwingen Sie sich aber zu nichts. Wenn das Verweilen an diesem Ort Ihnen nicht behagt, brechen Sie Ihren Besuch für diesen Tag ab.

Praxistip

Beachten Sie den Sommereffekt: Der Dom steht im Mittelpunkt vielfältiger Besichtigungen und ist eine touristische Attraktion. Das kann sich auf Ihren persönlichen Aufenthalt sehr störend auswirken.

Empfehlung

Suchen Sie den Ort bevorzugt auf, wenn Sie traurig, verstimmt, kleinmütig und weinerlich sind. Seiner Wirkung nach ist er besonders geeignet, nach durchlittener depressiver Stimmungen Euphorie auszulösen. Die Wirkungen sind in der Tendenz als stärkend und festigend zu beschreiben.

Nach der Anwendung

Entscheiden Sie, ob Ihnen dieser Aufenthalt gut getan hat, und wiederholen Sie ihn nach Gutdünken, falls Sie diese Frage bejahen konnten.

Außerhalb des Doms befindet sich eine Zone (A-Linie), in der man stark auflädt.

Auf der Linie (A) laden Sie auf, unmittelbar am Gebäude (B) stark ab.

Vor dem Gnadenbild ist nur in der Mitte der Bänke eine Zone, um Kraft zu schöpfen.

Eine Plus-/Minus-Zone findet sich im vorderen Bereich des Doms.

Die sechste Plattenreihe und der Kreuzungspunkt haben es in sich: Sie stehen hier auf dem Superpunkt in Worms. Nicht umsonst sollen die Kaiser durch diese Tür den Dom betreten haben, oder ist das nur eine Sage?

Der Brunnen hätte es auch in sich, wenn man darin baden dürfte!

Der Dom ist voller Plus-/Minus-Zonen.

Weitere Plus-/Minus-Zonen im Inneren des Doms.

Der Dom ist wie ein Instrument gestimmt.
Im Chorgestühl zum Beispiel soll Demut vorherrschen.

Im rückwärtigen Teil des Doms verlaufen die Zonen eindeutig.

Würzburg

Käppele

Über der Stadt Würzburg thront das Käppele der Franziskaner. Das Bauwerk am Hang des Nikolausbergs entstand im Rokoko, als man dort eine kleine Kapelle erweiterte.

Das Käppele ist eine Herzeleid-Kirche: Auf dem wundertätigen Marienbild trauert die Mutter um ihren Sohn – ein häufiges Motiv in allen Wallfahrtsorten, die während des Dreißigjährigen Krieges oder kurz danach entstanden sind. Einleuchtenderweise benötigte man gerade damals Stätten, die geeignet waren, Menschen von tiefer Trauer oder Zukunftsangst zu befreien und ihnen neuen Mut und Selbstbewußtsein einzuflößen.

Geomantisch gesehen liegt das Käppele auf einer massiv abbauenden Zone: Wer dort verweilt, wird zunächst noch weiter „heruntergezogen“, so daß er antriebslos wird und den Grund für seine Trauer „vergißt“ bzw. in völliger Apathie für bedeutungslos hält. Anschließend setzt der zweite Effekt ein: Kraft wird aufgebaut, Energie zugeführt, die dem seelisch verletzten Besucher hilft, optimistischer in die Zukunft zu sehen.

Beide Orte liegen am Würzburger Nikolausberg dicht beieinander. Kein Wunder also, daß das Käppele immer wieder durch wundersame Vorgänge Aufsehen erregte, so auch im 17. Jahrhundert, als von allerlei ungewöhnlichen Erscheinungen berichtet wurde. Immer wieder erzählten Leute, sie hätten Glockengeläut gehört oder Feuerschein gesehen. Diese Erscheinungen lassen sich auch heute nicht schlüssig erklären. Jedoch sollten wir bedenken, daß Würzburg nicht zufällig als Eldorado der Geomantie gilt: Vom Main – also von einem ständig fließenden Gewässer – durchströmt, auf dessen Uferhöhen zahllose Anlagen altehrwürdiger Herkunft stehen, ist Würzburg überdies auf einer Verwerfungszone angesiedelt, die quer durch Europa gen Osten führt und auch Dettelbach oder Münsterschwarzach schneidet.

Aus der Geschichte des Käppele und seiner Entwicklung zum Wallfahrtsort kann man unschwer herauslesen, daß die höhere Geistlichkeit längere Zeit darüber stritt, ob und wie dieser Platz als Ort der Kraft genutzt werden durfte. Sicherlich ging es dabei auch um Geld, vielleicht aber auch um mehr: Wer das Käppele besuchte, stieg mit aufmüpfiger Gesinnung wieder ins Tal hinab, denn die Kraftquelle flößte den Besuchern jenen Mut ein, den man braucht, um beispielsweise seinem Chef die Wahrheit zu sagen. Das aber hatten die Bischöfe in alter Zeit nicht gern: eine Geistlichkeit oder gar eine Laienschar, die allzu selbständig dachte und argumentierte.

Schließlich wurden die wirksamen Erdkräfte, die am Nikolausberg aus dem Hang kommen, jedoch auf verschiedene empfangende Kirchtürme im Tal verteilt – ein frommer „Trick“, mit dem sich die Kundigen zuletzt offenbar doch durchsetzen konnten.

Das heutige Käppele weist drei Türme auf. Es scheint sowohl gesendet als auch empfangen zu haben. Mit der prachtvollen Fassade und zwei Türmen wurden ins Tal „Gebete gesendet“, während man das Querschiff als Empfangsanlage ausbaute. Nicht umsonst ist das Wallfahrtsobjekt selbst im Querschiff positioniert.

Käppele: Anlage vom Typ A – Gegenpol im Tal

Atmosphäre: viel fürs Herz und fürs Auge

Wirkung

- Abbau von depressiven Grundstimmungen, Trauer und überschießenden Reaktionen
- Aufladung zu positiver Grundstimmung
- Linderung von Herz-Kreislauf-Problemen mit psychosomatischen Ursachen

Anwendung

Bei Ihrem Aufenthalt in der prächtig ausgebauten ehemaligen Kapelle sollte Sie sich auf zwei Verweilstätten beschränken:

- Suchen Sie zunächst die Statue des Hl. Antonius. Die Bankreihe, die von dieser Statue wegführt und in der Linie liegt, deren Verlängerung talseitig durch das dritte Fenster weist, ist der empfehlenswerte Ort, an dem Sie sich harmonisieren können, wenn Sie gestreßt, überdreht, aggressiv, voller Wut sind: Hier können Sie negative Energien entladen.

- Anschließend setzen Sie sich in die Bankreihe, die in der Abbildung unten markiert ist, bzw. knien sich genau auf die Mittellinie des Seitenaltars mit dem Marienbild: Dort verläuft eine aufladende Zone, die Sie psychisch wieder stärkt.

Praxistip

Sie können diesen Ort zu jeder Tageszeit aufsuchen. Die Wirkungen sind nicht auf die Kirchenanlage beschränkt, sondern können auch in der Verlängerung talwärts genutzt werden.

Das ist die Sitzbank, auf der Sie sich geistig aufbauen und Kraft schöpfen können.

Nahaufnahme der gering aufbauenden Zone (A).

Drei Türme für eine Kapelle? Ist das ein Hinweis auf die Bedeutung des Ortes?

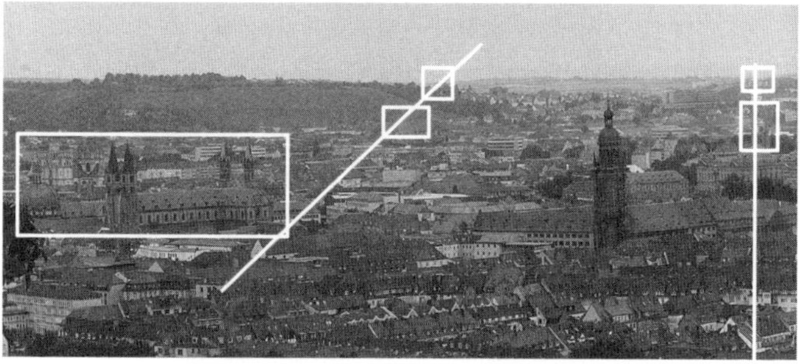

Vom Käppele aus erkennt man schnell das System der „heiligen Geometrie" von Würzburg.

Hier ist nur die Mittellinie von Interesse.

Wer hier kniet, empfängt die Kraft des Ortes in demütiger Haltung.

Eine Bank speziell für die Nervösen (baut ab und harmonisiert).

Anhang

Was Sie schon immer über Erdkräfte wissen wollten

Geomantie

Weissagung aus der Erde, Geomantie oder Geomantik heißt die uralte Erfahrungswissenschaft, die es dem Kundigen erlaubt, natürliche Energieströme und -zentren auf der Erdoberfläche auszumachen. Diese werden in landschaftsverändernde Maßnahmen einbezogen, um die positiven, harmonisierenden Kräfte und Energiefelder zu verstärken und negative abzuschwächen.[1]

Das Wissen um die Geomantie ist zum Teil sehr bruchstückhaft und geheimnisumwittert. Hierbei muß man berücksichtigen, daß diese Geheimlehre größtenteils mündlich überliefert wurde und viele Kenntnisse durch die Wogen der Geschichte verloren gingen. Auch trachteten die Mächtigen, diese Kunst geheim zu halten, damit kein Unbefugter sich ihrer bedienen konnte.

Im Rahmen dieser alten Kunst versucht man jedenfalls, jene besonderen Orte ausfindig zu machen, die sich durch ein spezielles energetisches und geistiges Milieu in Raum und Zeit auszeichnen. Geomantische Phänomene entziehen sich der äußeren Sinneswahrnehmung. In den vergangenen Jahrhunderten wurden sie als Kontaktstellen zu höheren Sphären genutzt. Vor 2500 Jahren aber beschränkte sich die Nutzung dieser Effekte nicht auf übersinnliche Wahrnehmungen. Damals scheint man von vornherein die psychosomatische Behandlung im Hort des Gottes oder der Götter angestrebt zu haben.

Wie J. Roberts[2] ausführt, existieren gewisse Punkte auf der Erde, die ein großes Energiepotential enthalten und an denen innerhalb der physischen Welt andere Bewußtseinsformen koexistieren. Diese Punkte werden als Koordinationspunkte bezeich-

---

[1] Vgl. N. Pennick: The Ancient Sience of Geomancy. London 1979

[2] J. Roberts: Gespräche mit Seth. Von der ewigen Gültigkeit der Seele. Genf 1979

net, an denen mehrere Realitäten miteinander verschmelzen können. Es gibt Hauptkoordinationspunkte, die mathematisch rein und Quellen phantastischer Energie sind, sowie zahlreiche untergeordnete Koordinationspunkte.

Diese untergeordneten Punkte wirken sich auf das praktische Leben aus: Auch nach Roberts‘ Erkenntnissen werden an gewissen Orten Gesundheit und Vitalität gestärkt, weshalb sie besser als andere geeignet sind, um Häuser darauf zu errichten. Diese konzentrierten Energiepunkte könnten u.a. durch Gefühle und Empfindungen aktiviert werden.

Mit Hilfe der Geomantie orteten die alten Völker u.a. die günstigste Lage für Plätze der Verehrung – etwa für Tempel, Steinkreise oder heilige Quellen. Auch in christlicher Zeit bestimmte man mittels Geomantie die Standorte von Kirchen und Kathedralen sowie deren optimale Ausrichtung auf die dort wirkenden Erdkräfte.

„Es gibt Stätten, ‚wo der Geist weht‘“, so Charpentier, „wo Geist den Menschen durchdringt, wo sich ihm Organe für das Göttliche öffnen.“[1] Hierzu zählt er u.a. den Hügel, auf dem sich die Kathedrale von Chartres erhebt. An diesem Ort mündet nach seinen Erkenntnissen ein Erd- und Vitalstrom besonderer Art aus, der in nordöstlicher Richtung verläuft und die Ausrichtung der Kathedrale bestimmt.

Wer sich intensiv mit der Geomantie beschäftigt hat, wird der Ansicht von Underwood beipflichten, daß „Natur und Intensität des Geistes der Erde vorrangig durch die Formen der Landschaft und die geologischen Verhältnisse bestimmt werden, aber ebenso von den Stellungen der Himmelskörper, also von den Rhythmen der Zeit, abhängig sind“.[2]

Kultstätten und Kirchen

Aus geomantischer Sicht treten sie mit den lokalen Strahlungsverhältnissen in Resonanz, halten die Ströme fest, verdichten und verstärken die tellurischen und kosmischen Energien.

[1] L. Charpentier: Die Geheimnisse der Kathedrale von Chartres. Köln 1974

[2] G. Underwood: The Pattern of the Past. London 1974

Leys oder Ley-lines

Gemeint sind Linien zwischen sogenannten heiligen Gebieten, die mit geomantischer Technik ausfindig gemacht werden können. Kapellen, Kathedralen, Steinmonumente und Hügelformationen scheinen alle ihrem eigenen charakteristischen Muster von „leys“ zu folgen.

Geodätische Linien

Allen geomantischen Phänomene ist gemeinsam, daß sie

- von der Erde hervorgerufen werden,
- Wellencharakter haben,
- stark durchdringende Kräfte darstellen und
- Muster bzw. Netzwerke an der Erdoberfläche formen, die sich unter vielen religiösen und profanen Bauwerken bzw. Stätten in auffälliger Weise dahinziehen oder diese umgeben.

Underwood unterscheidet drei Arten von „Geodetic Lines“, die in früheren Zeiten anscheinend zur Markierung und Vermessung der Erdoberfläche verwendet wurden:

- *„Water Lines“ (Wasserlinien)*
- *„Aquastats“ (Linien, die Wasserlinien ähneln, aber keine sind)*
  Laut Underwood ziehen sich „Wasserlinien“ oder „Aquastats“ oft nahezu gerade durch das Hauptschiff einer Kirche und führen in vielen Fällen zu einer „blinden Quelle“ (s.u.) unter dem Altar. Überdies wiesen gewisse Zonen eine Beziehung zu Türen oder Fenstern auf.
  In diesem Zusammenhang weist er auch darauf hin, daß man teilweise zerstörte Bauten rekonstruieren könne, wenn man die Linien und ihre Prinzipien in der rechten Weise zu deuten verstünde.
- *„Track Lines“ (Fährtenlinien, die von Menschen und Tieren begangen werden)*
  Nach Underwood ist hier zwischen positiven und negativen Linien im Sinne der fernöstlichen Philosophien zu unterscheiden. Dabei bezeichnet er „Wasserlinien“ als negativ, „Aquastats“ und „Tracklines“ als positiv.

Blind Springs

In diesen blinden, unsichtbaren Quellen ohne Abfluß sieht Underwood die esoterischen Zentren der alten Religionen und die eigentlichen Mittelpunkte der Kultstätten. Er weist darauf hin, daß in biblischen Tagen derartige Plätze verehrt wurden als Stätten, an denen sich Gott offenbare.

Gelände-Akupunktur

Nach Graves[1], der den Ausdruck „Gelände-Akupunktur" prägte, weisen bestimmte Stellen „ortseigentümliche Aufladungen" auf. Diese haben die Tendenz, in bestimmten Zeitrhythmen ihre Polarität zu wechseln.

Knoten

Hierbei handelt es sich – nach Graves – um jene Punkte, an denen sich mindestens zwei „Energielinien schneiden oder kreuzen". Zur Gesamterscheinung des Knotens trägt auch das auf dem betreffenden Punkt errichtete Bauwerk bei, da Linienmuster und Bauweise einander beeinflussen.

Fließverbindungen

Graves erwähnt auch „Fließverbindungen" (einen „Fließfaktor"), die zwischen zwei Punkten auftreten können und eine Art Übertragung der Ladung von einem Punkt zum anderen bewirken. Derartige Strömungen scheinen oberhalb des Erdbodens zu verlaufen, meist in geraden Linien.

Ladungsfließlinien

Des weiteren weist Graves auf Ladungsfließlinien hin, die sich meilenweit zwischen zwei in Verbindung stehenden Punkten erstrecken können, und zwar in Form absolut gerader Linien von nur wenigen Zentimetern Breite. Solche Linienmuster könnten somit auch zwischen Orten und Gebäuden wie Kirchen, alten

[1] T. Graves: Radiästhesie. Pendel und Wünschelrute, Theorie und praktische Anwendung. Freiburg 1978

Grabhügeln, aufrechten Steinen und Steinsäulen Verbindungen herstellen.

Radiästhetische Instrumente

Rute

Wir bewegen uns in der Radiästhesie in Meß- und Wirklichkeitsbereichen, die den physischen Sinnen nicht zugänglich sind. Um solche Wirkungsfelder dennoch identifizieren zu können, wurden zu allen Zeiten Instrumente in Verbindung mit dem menschlichen Körper benutzt. In unseren Breiten wurden und werden meist Ruten aus Holz oder Metall eingesetzt (im Volksmund „Wünschelruten“).

Funktionsweise: Der menschliche Körper dient als Antenne; durch ihn fließt ein „Strom“ oder eine Kraft, die mit den derzeit verfügbaren Instrumenten nicht gemessen werden kann. Erst eine spätere Generation von empfindlichen Instrumenten wird diesen „Strom“ objektivierbar machen. Durch die Hände des Rutengängers tritt die Kraft aus und fließt über die beiden Stäbe der Wünschelrute, die aus verschiedenen Materialien bestehen kann, in den Boden zurück.

Die beiden Stäbe werden durch eine einfache Technik so in der Hand gehalten, daß sie sich in einem labilen Zustand befinden. Je nach Homogenität des feinstofflichen Energieflusses im Umfeld des Rutengängers wirken die beiden Stäbe wie Zeiger: Sie schlagen aus.

Aus der Art der Reaktion kann der geübte Rutengänger auf Qualität und Quantität der Wirkungen schließen. Durch wiederholte Messung an verschiedenen aufeinanderfolgenden Punkten lassen sich die Strukturen der Kraftfelder lokalisieren.

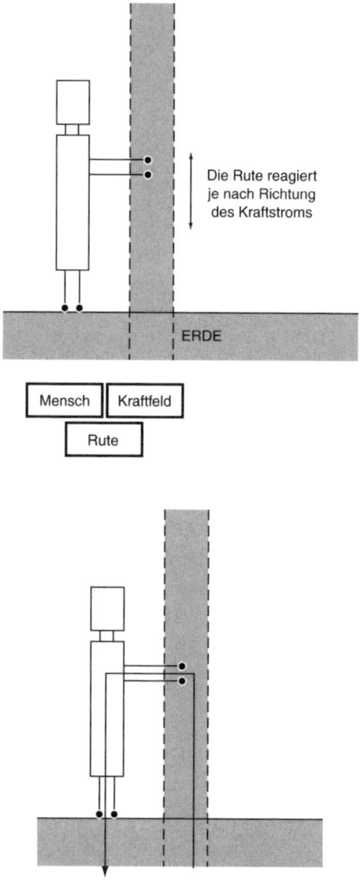

Die Erde, der Mensch, die beiden Wünschelruten und der Kreislauf des Energieflusses (Hypothese)

Die Lecher-Leiter

Die Lecher-Leiter ist ein perfektioniertes Instrument für professionelle Radiästhesisten, das als veränderbarer Widerstand in den Händen des Rutengängers funktioniert. Das wie ein „T“ aussehende Gerät wird durch verschiedene Einsätze in den Seitenteilen und durch Verstellen des Schiebers im Mittelteil auf die jeweilige Fragestellung geeicht.

Bei den Messungen in den Kirchen, die ich in diesem Buch beschrieben habe, hat mein Begleiter eine solche Lecher-Leiter benutzt.

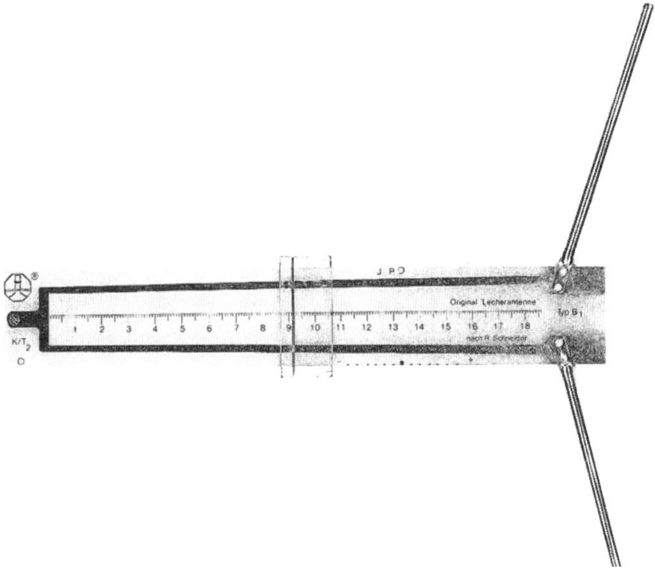

Die Lecher-Leiter, ein Instrument für professionelle Radiästhesisten

Literaturhinweise

C. Beichl: Prähistorische Pfade – eigenartige Bahnstraßen. In: Österreichischer Verband für Ruten- und Pendelkunde. Wien, September 1973

R. Boothby: The Religion of the Stone Age. In: Journal of the British Society of Dowsers, Vol.2 (1935)

L. Charpentier: Die Geheimnisse der Kathedrale von Chartres. Köln 1974

M. Dimde: Die Heilkraft der Pyramiden. Landsberg a.L. 1997

C. Diot: Les Sourciers et les Monuments Mégalithiques. 1935

R. Endrös: Die Strahlung der Erde und ihre Wirkung auf das Leben. Remscheid 1978

T. Graves: Radiästhesie. Pendel und Wünschelrute, Theorie und praktische Anwendung. Freiburg 1978

L. Merle: Radiesthésie et Préhistoire. 1933

M. Mestdagh: De Wikinger. Gent 1990

R. Ottcl: Baubiologische Standortfaktoren. In: Deutsche Bauzeitung Nr. 4/1980, S. 569 ff.

N. Pennick.: The Ancient Sience of Geomancy. London 1979

J. Purner: Radiästhetische Untersuchungen an Kirchen und Kultstätten. Dissertation Universität Innsbruck

P. Reiser: Keltenschanzen – Kultschanzen? (Keltenschanzen auf Reizstreifen?) In: Zeitschrift für Radiästhesie, 15. Jg., 1961, Heft 2/3, München

J. Roberts: Gespräche mit Seth. Von der ewigen Gültigkeit der Seele. Genf 1979

R. Schneider: Heilige Brunnen, Achteckkirchen, Zisterzienserklöster und ihre radiästhetischen Geheimnisse. Vortrag in Puchberg/Wels, 1979

W. Ch. Simonis: Erde, Mensch und Krankheit. Stuttgart 1974

R. Smith: Journal of the British Society of Dowsers, Vol.3 (1939)

A. Thom: Megalithic Sites in Britain. London 1967

G. Underwood: The Pattern of the Past. London 1974

Abbildungsnachweis

Seite 139 oben: Foto Strauss, Altötting

Seite 156: Verlag Schnell und Steiner, Regensburg

Seite 157: Verlag Schnell und Steiner, Regensburg/Kurt Gramer, Bietigheim-Bissingen

Seite 171 oben: Katholische Kirchengemeinde St. Marien, Kevelaer

Seite 172: KNA-Bild, Frankfurt/Main

Seite 180 unten: Hans Wolf, Moers

Seite 181: Verlag Schnell und Steiner, Regensburg

Seite 192 unten: Verlag Schnell und Steiner, Regensburg/Kurt Gramer, Bietigheim-Bissingen

Seite 214 oben: Verlag Schnell und Steiner, Regensburg

Seite 224: Bildverlag Arthur L. Traut, Welzheim

Seite 225 oben: Gebrüder Metz Verlags GmbH, Wannweil

Seite 231: Verlag Schnell und Steiner, Regensburg

Seite 238: Gebrüder Metz Verlags GmbH, Wannweil

Seite 239: Dieter Manz, Rottenburg

Alle übrigen Abbildungen stammen von Manfred Dimde und der Setzerei Fotosatz Buck, Kumhausen